企业经营法则

企业经营
企业家精神

崔世宁　著

中华工商联合出版社

图书在版编目（CIP）数据

企业经营企业家精神／崔世宁著.—北京：中华
工商联合出版社，2020.10（2023.7重印）
ISBN 978 - 7 - 5158 - 2819 - 0

Ⅰ.①企… Ⅱ.①崔… Ⅲ.①企业经营管理 – 研究 –
中国 ②企业家 – 企业精神 – 研究 – 中国 Ⅳ.①F279.23

中国版本图书馆 CIP 数据核字（2020）第 154969 号

企业经营企业家精神

作　　者：崔世宁
出 品 人：李　梁
责任编辑：胡小英
封面设计：子　时
版式设计：北京东方视点数据技术有限公司
责任审读：郭敬梅
责任印制：迈致红
出版发行：中华工商联合出版社有限责任公司
印　　刷：三河市燕春印务有限公司
版　　次：2020 年 10 月第 1 版
印　　次：2023 年 7 月第 2 次印刷
开　　本：710mm×1020mm　1/16
字　　数：180 千字
印　　张：12.75
书　　号：ISBN 978 - 7 - 5158 - 2819 - 0
定　　价：68.00 元

服务热线：010 – 58301130 – 0（前台）
销售热线：010 – 58302977（网店部）
　　　　　010 – 58302166（门店部）
　　　　　010 – 58302837（馆配部、新媒体部）
　　　　　010 – 58302813（团购部）
地址邮编：北京市西城区西环广场 A 座
　　　　　19 – 20 层，100044
http://www.chgslcbs.cn
投稿热线：010 – 58302907（总编室）
投稿邮箱：1621239583@qq.com

由《少年中国说》想到的

夜深人静时著述《企业经营企业家精神》，不由使我想起了二十多年前，从中学课本中学过的梁启超先生的文章《少年中国说》："老年人常思既往，少年人常思将来，惟思既往也，故生留恋心；惟思将来也，故生希望心。惟留恋也，故保守；惟希望也，故进取。"

企业是人类历史上伟大的发明之一，它为人们提供了主要的就业岗位，不断地创造社会财富，企业的状况直接体现着一个国家的经济和科技实力。

关于企业，读者诸君请允许我把初生的成长型企业比喻为少年型企业、初看强大但缺乏生机活力的成熟型企业比喻为老年型企业。呜呼，少年型企业多进取，老年型企业多保守。成长型企业一开始虽然看似弱小，实则朝气蓬勃、生机萌动；"百年老店"型大企业看似规模庞大、实力超群，实则可能缺乏生机、垂垂老矣。包政教授说过："没有哪一个企业弱小到不能参与竞争，也没有哪一个企业强大到不能被挑战。"因此，在商界我们经常可以看到"蚂蚁扳倒大象"的现象发生。

可喜又可忧的是，我们身处在一个这样的环境中：

这是一个变化的世界，一切都在变，变得让人眼花缭乱。

这是一个变化的世界，以至于使许多人忘记了还有一句话叫"万变不离其宗"。

这是一个变化的世界，天道酬勤，人道酬专。

在这个变化的时代大背景下，遍地都是创业机会，创业的诱惑撩拨着不知多少人蠢蠢欲动的心田，许多人都梦想着低头俯身在"中关村创业大街"上随便捡起一个机会，投点钱稍加"捣鼓"就可以赚大钱，这不是不可能，但绝对属于小概率事件。

创业成功没有一定之规，成长型企业各自有着不同的成长轨迹。然而，创办事业、企业成长有其基本套路，笔者在过去二十多年的企业生涯中，通过亲身经历加上深入观察数百家企业的成长发展轨迹，发现真正把一家企业做起来、做成功离不开三个基本要素：创业谋略、团队建设和踏踏实实做事的工匠精神，我把它姑且称为"成长型企业的铁三角"。创业谋略和团队建设是企业家精神的核心内容。

人无头不走，鸟无头不飞。作为创业领头人的企业家永远是左右企业命运的掌舵者，营业收入占韩国GDP将近25%的三星集团离不开首位创业者李秉喆和二次创业者李健熙父子殚精竭虑的谋划和经营。创业者需要谋略和智慧，关于三国的故事书是创业者们首选的"教科书"，这里有成功的创业者，比如曹操、刘备和孙权，也有失败的创业者，比如袁绍、吕布和刘表等。翻开历史，你会发现古往今来重蹈覆辙的事例数不胜数。创办企业成败有凭，成功绝非歪打正着；失败也不一定是生不逢时、不可预知。

卓越的创业者是难得的社会脊梁，有一句谚语说：九个一段棋手集合起来也抵不过一个九段围棋高手，卓越的创业者、企业家好比高段位棋手。然而，仅靠赤手空拳、单打独斗，本事再大也成不了大气候，拥有盖世武功、手持方天画戟、胯下追风赤兔马的三国名将吕布最终也不过在白门楼上抱憾落幕。

干大事需要大团队，干小事需要小团队，只要想干事都离不开团队，团队建设是创业的必修课，团队建设的核心是造就人、成就人。50年前，三星的创始人李秉喆说："企业应当竭尽全力地培养人才，如果每一个员工都能感受到企业家求贤若渴的愿望和诚意，那么企业的前途将会一片光明。"

细心的同仁观察企业的"企"字会发现，做企业如果离开了"人"，企业的"企"字就成了"止"字，做企业就是把人组织成团队，大家一起干事才能"干成事"。当前，人们创业非常讲究"效率"，一切都要快，有人认为，到人才市场很容易招人，简单培训就认为完成了团队建设，他们把团队建设看得太容易了。

实际上，团队建设是一个漫长的过程，创业不能着急，团队建设也不可能一蹴而就。德川家康说："人生如负重前行，千万不要着急。"人生如此，创业更是如此。

开创事业离不开脚踏实实做事的工匠精神，许多企业创业不久就夭折的主要原因之一就是操之过急，总想一夜暴富。梦想着创造创业神话，靠编故事骗取融资的创业初衷终究会如脆弱的五彩肥皂泡一样破裂。

历数德国、日本等国的长寿企业无一不是坚守稳健、精进、求实、踏实的工匠精神，才成就了它们的百年辉煌。

开创事业是一个追逐梦想、冒险的过程，梦想不断、追求不止，只为一颗不甘平凡的心。大力弘扬创业型企业家精神和工匠精神，全社会都应该给予创业者理解、包容和尊重。

创业路上，顺境和逆境交相辉映。今天的顺境，可能会成为明天的陷阱；今天的逆境，可能会成就明天的愿景。

成长型企业应具备"风筝精神"：风越是强劲，风筝才能飞得越高，创业者必须善于把危机变成转机，把逆境变成强健体质的磨炼砥石。

崔世宁

二零一七年于北京香山

目录
CONTENTS

中 篇 团队建设篇

创业智慧篇

创业的关键在于创造价值，

创业成功的核心要素必须是利他，

不能创造价值和利他的创业是不道德的。

踏实　市场

敬业　　利润

信息　头领　　危机

定位　利他　团队　韧性

远见　产品　把握机会

胆识魄力　敏锐

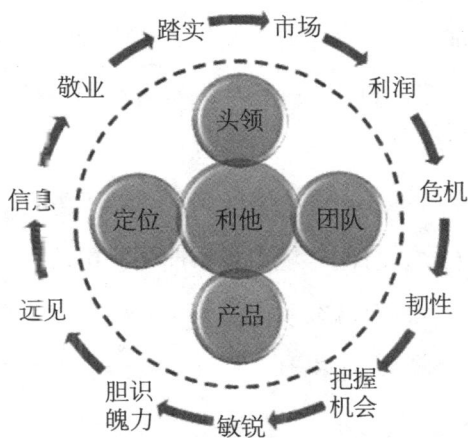

开创事业轮盘模型

第一章

三国各集团创业成败的奥秘

三国时代是天下大乱的时代，是社会剧烈转型的时代，是英雄辈出的时代，是兄弟抱团创业打天下的时代。

千百年来，一代又一代中国人在精彩纷呈的三国故事的熏陶下长大成人并伴随终生。《三国演义》对国人的影响之久、影响之深、影响之广，其他书籍恐怕很难企及。有人说，观看莎士比亚的戏剧，一千个人的眼中就有一千个哈姆雷特，同理，一千个人看《三国演义》就能读出一千个三国的内涵。

山山有别，水水不同。《三国演义》是对历史的演义，不是纯虚构的故事。演义中的人物、时间、地点和事件不一定都完全准确，但其所呈现的过程和情感一般都很符合客观情况。有人喜欢读演义，有人喜欢钻研历史，人们不妨各取所需，互相尊重体谅。一般的读者不会也没有必要拿着放大镜去探寻历史的来龙去脉，我们把考据历史的工作委托给书斋中的历史专家和学者，我们作为工商界管理人士，自会在三国中感悟经营管理的智慧和韬略。

三国中蕴含的智慧韬略如大江大河，我们只能舀取一瓢来饮，企业界同仁读三国，不妨从势力集团的抱团创业开始。

一、重读三国品评创业

东汉末年，宦官十常侍祸乱朝政，董卓专权，民怨沸腾，群雄并起，大大小小的"集团公司"相继成立，各自为政，展开了激烈无比的争夺天下的"市场竞争"。

这些林林总总的"集团公司"中最终修成正果的莫过于曹操的"国营企业"、刘备的"民营合伙企业"及孙权的"世袭家族企业"。

曹操、刘备和孙权在创业之初，可以分别用三个字来概括，那就是"挟"、"凭"、"借"。

曹操的优势是"挟天子以令诸侯"，曹操接驾汉献帝于许都之后，皇帝就成了他手中一张威力无比的"王牌"，谁手中的牌也没有曹操手中这张牌大，汉献帝成了中国历史上有名的傀儡皇帝，至此，"东汉集团"已经是名存实亡了。"雕栏玉砌应犹在，只是朱颜改"，原来隶属于东汉朝廷的资源"一锅端"地全部转到了曹操的名下，如此这般，曹操团队就成了实际上的"国营企业"，曹操摇身一变，从顽皮小儿"曹阿瞒"变成了威震海内的龙头老大。

刘备虽然是汉高祖刘邦的苗裔，岁月更替几百年，实际上境况与平民无异。从"摆地摊织席贩履"开始创业，起点不可能再低了，因在涿郡街头劝架，以一句"两位都是了不起的英雄"结识了关羽和张飞两位好汉，以当时人们通用的方式义结金兰。之后，刘备凭着大汉皇叔的金字招牌名正言顺地感召天下，赤手空拳地在一无资金、二无地盘、三无兵马的基础上，硬生生地拉扯起一个庞大的"巨型民营企业"——蜀汉帝国。

孙权团队的创业应该追溯至其父亲孙坚和兄长孙策时代。孙权深刻地吸取了父兄创业早亡的教训并在乱世中统治东吴五十余年。孙坚同刘表集团在作战中战死沙场之后，孙策带着年幼的弟弟孙权和一班故旧大臣投奔袁术。然而，蛟龙终非池中物，胸怀冲天之志气的孙策岂能屈居他人之下，受人驱使？为了打回东吴老家，他把父亲用鲜血和生命换来的传国玉玺押给袁术，借了三千兵马，星夜兼程，冲出袁术的藩篱回到了老家江东，开创了东吴的坚实基业。

毫无疑问，曹操、刘备、孙权都是创业成功的高手雄才（孙权18岁接手江东时，人心未稳，正处于创业进行时）。古语说得好，时势造英雄，英雄也造时势。"大鹏一日同风起，扶摇直上九万里"，说的都是创业要乘势而起。马化腾乘互联网之势创办腾讯、马云乘互联网之势创办阿里巴巴、任正非乘国际电信大发展之势创办华为无不印证了这一说法。

大众创业、万众创新已成为今日之潮流，潮流是什么？潮流即是当今之"势"。

20世纪80年代中期，柳传志凭借中国科学院的权威招牌，充分利用中科院投入的20万元启动资金创办联想公司。中科院是国家级最高科研机构，其在国人心目中的地位可想而知。柳传志给公司起了个名字叫"联想"，其用心和目的很明确，就是要让消费者接触到联想产品宣传时不由自主地将其与"中科院"的名字联想到一起。

古语说："名不正，则言不顺，言不顺，则事难成。"联想公司是中科院的企业，名正言顺，所以，迅速崛起。当然，今天的联想早已不是当年的国有企业，现如今几经变换变成了民营企业的龙头老大。

毋庸质疑，柳传志是乘势而起的创业高手和商界豪杰，民间把他尊称为"企业教父"，可谓名副其实。当然，并不是每个创业者都有柳传志那样好的运气，有中科院作为基础，但他的雄韬伟略值得后来者学习和效仿，他山之石，可以攻玉。

然而，创业不能仅凭背景和运气，创业成功更多的是多年修炼的结果。没有积累，没有人能够随随便便创业成功。

在以往二十多年的商界生涯中，我既经历过创业成功，也经历过企业创业失败折戟沉沙的悲壮过程。作为管理顾问和管理培训师，我平时交往的圈子也大多是商界朋友。

今天，静下心来，和读者朋友们简明扼要地聊一聊创业那些事，我深知，创业是一个天大的话题，没有人能够将其言尽。因此，我们的探讨权作一家之言，难免粗枝大叶，权当诸君创业的开台锣鼓！

1. 积累不够，谁也不能随随便便成功

马克·扎克伯格也好，比尔·盖茨也罢，柳传志亦然，他们都是在自己无比熟悉的计算机专业领域发挥所长，成就丰功伟业。五年前，我在清华大学总裁班授课，有六位富豪同学受"财富第五波"的冲击，看到健康产业是未来的热门行当，雷厉风行、说干就干，并对我说："崔老师，您是管理专家，我们一起干吧！"我理性地认识到自己对健康管理了解甚少，于是，婉言谢绝。后来，六位同学共同出资1000余万元，在清华科技园注册了一家健康管理公司，噩梦也从此开始，开张不久大家就发现，自己对庞大的健康产业基本上是一窍不通。千万资金折腾得差不多后，一个个悄悄地离开了，留下了一句"外行人，干内行事，岂能成功"的感慨。

2. 不熟知顾客的"心"，不可能打开市场

"没有调查，就没有发言权。"不熟悉市场，不了解顾客，看不清趋势，仅凭一腔热血、万丈豪情创业，就好比盲人骑瞎马，夜半临深渊。20世纪80年代中期，史蒂夫·乔布斯被公司董事会踢出苹果后，整天和年轻人泡在一起，聆听他们的心声，洞察他们的消费偏好和倾向，进行了充分的市场调查，熟知了消费者的"心"。90年代，重返苹果后，他把人类带进了移动智能时代。

3. 财聚人散，财散人聚

"财迷疯、吝啬鬼"千万不要创业。创业的领头人切忌吃独食，赚到钱后，老板吃肉、下属喝汤，很快就会人财两空。备受世界尊重的华为公司，创始人任正非不吃独食，他把公司的股份分给十几万华为员工，自己只占有1.4%的股份，这对于创始人来说是极少能做到的。马云创办阿里巴巴头几年，带领"十八罗汉"创业，他主动腾出自己唯一的三室一厅住宅用作公司办公，几年间马云基本只干活不拿工资，他凭借仗义的为人和冲天的豪情把创业队伍从阴霾和绝望中拉扯了起来。

4. 持之以恒、矢志不渝

创业贵在坚持。我有一位经商多年的朋友说："生意是慢慢熬出来、泡出来、守出来的……"今天，有些人看到别人创业，自己也蠢蠢欲动出来凑热闹，三分钟热度，轰轰烈烈开张，雷厉风行做事，稍遇不顺，便各奔东西，挥泪散伙。

5. 老板要有定力，要耐得住寂寞，经得住诱惑

创业当老板必须首先做好这样的心理准备：公司里谁都不能对某事负责的时候，那么最后负责的人一定是老板！遇到困难，员工可以拍拍屁股走人，而老板无法退出，老板必须面对各种困境，坚守自己的岗位和

职责。

6. 老板要善于描绘公司愿景，用文化统领队伍

有人创业，担心别人说三道四，而奉行低调到底的做人做事法则，但此君可能万万没想到，老板做事低调，中高层管理者也低调，员工更低调，公司整日就会"静悄悄"，暮气沉沉。没有活力，何来动力？没有动力，何来生机？没有生机，公司难免会"悄悄地我走了，正如我悄悄地来"，没留下一点痕迹。我认为做人低调本没有错，但创业当老板不能太过低调，你必须高调地向中高层管理者讲、向员工讲、向客户讲、向股东讲、向公众讲，不厌其烦、不知疲倦地讲，讲你的产品，讲你的核心价值，讲你为客户创造的效益，讲你的使命和愿景。在这方面，马云是很好的榜样！

7. 做创业型员工，不能做打工仔

开创事业不一定非要自己创业当老板，如果条件不具备，你同样可以借鸡下蛋、借船出海。选择一个平台，当成自己的事业来创新创业，与老板同呼吸、共命运，做老板的知心创业伙伴，也能创业成功。关羽、张飞、诸葛亮不都是紧跟着刘皇叔一起创业成功的吗？

8. 大战在即，先拉队伍凝聚人心

古语说得好："打仗亲兄弟，上阵父子兵。""一个篱笆三个桩，一个好汉三个帮。"单打独斗、单枪匹马乃创业之大忌。下面我们就聊聊三国各豪杰集团如何打造创业型团队的那些事。

二、曹操团队成功的奥秘

在三国的各路诸侯首领中，曹操是最出色的，也是最有可能一统天下的。曹操团队中谋士如云，猛将如林。那么，曹孟德是怎样把这些能臣武

将铸沙成塔的呢？

1. 曹操爱财更爱才，唯才是举，不看出身

在慧眼识人这点上，曹操和袁绍有着本质的区别。当年十八路诸侯讨伐董卓，被董卓大将华雄杀得人仰马翻，只杀得盟军阵营无人敢去应战，危难之际，身为马弓手的关羽挺身而出，盟军首领袁绍问其何职位，当得知是一小小马弓手时轻视之极，并命人把关羽打出大营，关键时刻曹操力挺关羽，为其温酒壮行，成就了关公温酒斩华雄的千古美谈，可见曹操识人之眼力确实了得。

后来，关羽被曹军围困于一座小山上，在好友张辽的劝说下，来到曹营，曹操大喜，在关羽提出三大苛刻条件的情况下仍然答应接受。最终，未能留住英雄关羽，表面看，曹操未得到关羽，实际上获得了爱才、惜才、诚信的好名声，曹操才是真正的大赢家。

在官渡之战胶着之际，故交许攸前来投奔，曹操喜出望外，"不及穿履，跣足而行"，令许攸非常感动，献上计策烧掉了袁绍粮库，断了袁绍粮道，袁军不战自乱，溃不成军。

2. 包容大度，放眼大局

却说曹军大败袁绍于官渡之战，在清点战利品时，曹军搜出一大捆往来书信，曹操仔细一看却是自己的部下背着自己与袁绍的往来书信，正可谓是"身在曹营，心系袁军"。这时，有人建议曹操挨个仔细查实姓名，之后一一砍头。但出乎大家意料的是，曹操命令士兵把这些书信当众烧了个干干净净，并坦承地说道："当绍之强，孤尚不能自保，况他人乎？"这些"里通袁绍"的文臣武将自然感激涕零，日后为报效曹操个个冲锋陷阵、勇冠三军。

曹公此举说明了一个千古大道理：小肚鸡肠、斤斤计较之人当不了大

领导。正所谓"居上不宽，下必自乱"，小气之人拘垢于小格局，最终只能是树倒猢狲散。

3. 严格治军，率先自律

一次，曹操率兵行军在麦田之间，当年由于兵荒马乱、兵灾之苦致使老百姓见了曹军都躲得远远的，不敢前来收麦子。曹操深知军民关系的重要性，于是下令"有踩踏麦田者斩"，行走间，一只小鸟惊吓了曹操的坐骑，战马在麦田中不停地上窜下跳，曹操要治自己的罪，并欲拔剑自刎，在众将领的苦苦请求下，曹操才以宝剑割断自己的头发，割发代割头。

联想集团有一条纪律，开会迟到者必须在门口罚站。有一次，柳传志因故开会迟到了，他自觉地在门口处罚站五分钟，此后，联想开会很少有人迟到了。

4. 讲究人情，通情达理

典韦是曹操的一员爱将，武艺超群，其武功排在关羽张飞之前。典韦在征讨张绣之时，为了掩护曹操脱身，不幸战死。第二年，曹操率军途经典韦墓园所在地——淯水之时，曹操在马上放声大哭，于是下令屯住军马，大设祭奠，亲自拈香哭拜，祭奠典韦亡灵，此举着实感动了众人，彰显了曹操有情有义的一面。

5. 乐观豁达，笑对失败

话说曹操亲率百万大军，兵败赤壁，在几乎全军覆没溃败逃命狼狈不堪之际，众将都垂头丧气、惊魂未定之时，曹操却连连大笑诸葛无谋、周瑜少智。

克劳塞维茨在《战争论》中强调，军队将领必须具备独自一人力撑将要溃败的大军之颓势的能力。团队领袖的魅力和气场均来自于此，笑对磨难，乐观豁达。

6. 不避亲仇，一视同仁

法家代表韩非子说："圣者明君，内举不避亲，外举不必仇。"曹操用人不避仇人，宛城之战，曹操折长子曹昂，失大将典韦，但在招安张绣后，还同他结为儿女亲家，几年后，张绣成为曹操开国的一大功臣。

7. 望梅止渴，激励下属

烈日炎炎，大地流火，曹操率领大军远征，将士们口干舌燥、苦不堪言。曹操本人年事已高，更感不适，口渴难忍之际，他心生一智，挥鞭前指并大声喊道，前面不远处有大片梅林，梅子正熟，甘甜可口。将士们闻听此言，顿时口中生津，口渴感荡然无存。身为领导，困难之际你会为员工们指出"梅林"在何方吗？

8. 恩威并举，两手都要硬

胡萝卜加大棒历来是统兵驭将之真理。曹操有其温情的一面，更有其铁腕的一手。曹军主簿（相当于高级秘书）杨修自持才高八斗、智商超群，屡屡道破天机，卖弄小聪明，最终被曹操砍掉项上人头。

当然，曹操是一个颇具争议的历史人物，这里暂且搁置这些争议，只是从他作为管理者的角度评价，学习他的创业之道才是我们的正题。

三、刘备团队成功的奥秘

刘备在中国历史长河中的名声相当好，历代说书者说到刘皇叔遇险、身处困境之时，听书的人经常哭声一片，为刘皇叔担心，而说到曹操遭难时人们往往拍手叫好。可见"拥刘反曹"是民间的主流心态，刘备团队备受民间推崇。

那么，刘备有哪些特点和过人之处呢？

1. 出身卑微，情商一流

刘备虽说是中山靖王刘胜后裔，但由于时代间隔久远，实际上与普通百姓没什么差别。平日只好以织席贩履摆个地摊做个小买卖勉强度日，一句话，卖草鞋、草席是刘备的主要工作和生活来源。然而，时势造英雄，论事业规模，刘备显然比不上张飞的肉铺做的大，论武艺，刘备根本不是关羽的对手。但是，当张飞和关羽在涿州街头打架，刘备劝架的话就能看出他的情商绝非凡人，翻译成今天的话就是两位壮士武艺非凡，都是了不起的英雄，佩服、佩服。首先赞美夸奖双方一番，说二位都是了不起的英雄，张关两位马上就安静了下来。

后来的青梅煮酒论英雄、三顾茅庐请诸葛这些家喻户晓的故事无不昭示着刘备的至高情商。

2. 大智若愚，坚守底线

刘备的城府和稳重天下闻名，话说刘、关、张老哥儿仨东征西讨、打打杀杀、居无定所十几年，后来到了富得流油的徐州，陶谦三让徐州、刘备三拒徐州，关、张非常不解。此时的刘备内心一定非常想拥有自己的革命根据地，但内心的另一个刘备告诫他要坚守底线，功高盖主、德不配位，此时的他坐拥富庶的大郡徐州岂能安宁？不到最后一刻他绝不会领徐州。后来陶谦病故，此时刘备又将陶谦的遗表申奏朝廷后方领徐州。

由此可见，欲成大事者，不会计较眼前的利益得失，舍得，有舍才会有得，不可因为眼前利益而自毁长城、自断前程，如此谋略大义，关、张及众将自然心服口服。

3. 心系百姓，生死与共

曹操大军铺天盖地来袭击新野，刘备深知新野小城根本就守不住，于是携带全城百姓弃城而走，扶老携幼，每天行程只有十余里，眼看追兵将至，刘备不忍心丢弃追随自己的百姓而去，他知道曹军素有屠城的先例，如果丢弃百姓只顾自己逃命，自己以德为先的刘皇叔美名将荡然无存，何况这与自己的做人原则相悖。

对比今天的一些企业老板，一旦遇到经济不景气、市场下滑、销路不畅，首先做的就是裁员，并美其名曰降低成本、以逾难关。更有甚者玩起"鸟尽弓藏、兔死狗烹"的封建帝王之术，如何能以人为本、打动人心、赢得人心，更难赢得员工的忠诚。没有忠诚的员工，何来忠诚的客户？没有忠诚的客户，何来稳定的市场销量？

4. 屈身下士，恭己待人

刘备善聚人心，能够把各路英雄豪杰、智者能臣牢牢地凝聚在自己周围的关键因素是其"屈身下士，恭己待人"，就是刘备没有官架子，平易近人，在刘备手下做事，不用整天战战兢兢、小心翼翼、如履薄冰。当然刘备绝对不是老好人，对原则问题他立场坚定，比如在处理刘璋时就果断及时。

三顾茅庐请出高人诸葛亮出山辅佐自己打天下，三顾之时，刘备已经四十好几岁了，而诸葛亮只有二十几岁，是两代人了，放到今天，就好比一个"60后"请一个"90后"为师帮助自己出谋划策。当时，刘备早已是誉满天下的刘皇叔了，而诸葛亮只不过是一个时尚小青年。可见刘备的眼光和求贤若渴之心何等真诚。今天的一些小有成就的企业家们应该好好地学习一下刘皇叔识人、请人的高超策略。

5. 德高服众，善用强者

纵观刘备团队，一眼便可看出，刘备文不如诸葛亮、庞统、法正；武艺比不上关羽、张飞、赵云、黄忠、魏延、马超等，但这些英雄都死心塌地、忠心耿耿地追随刘备，至死不渝。

刘备对待大贤如诸葛亮、庞统等恭恭敬敬，甚至言听计从，因为刘备深知，此等高人的做人原则是"人敬我一尺，我敬人一丈"。

刘备起初用"义结金兰"的传统得到了关羽、张飞两位豪杰的生死追随。对后来加盟自己团队阵营的赵云更是以"摔孩子、收买人心"的胆识夯实了子龙的忠诚之心，此后才有赵云截江夺阿斗、单骑救主的英雄事迹让后世传扬称道。

对后来收服的老将黄忠和魏延，刘备也绝不厚此薄彼，即使诸葛亮屡次刁难魏延，并称其脖子后"有反骨"，刘备也多次出面调停，魏延当然感激涕零。

6. 矢志不渝、共创大业

自刘、关、张桃园三结义之时起，三个年轻人在随后的20年间虽有匡扶汉室的宏图大志，实际上过着颠沛流离的苦日子，先后在曹操、袁绍、陶潜、刘表等处混饭吃，以求生存，兄弟三人也时聚时散。被打散后的兄弟重逢更增强了他们的手足情义，刘、关、张这三个异姓兄弟从风华正茂的青年至天命之年才过上安稳日子，在这漫长而艰难的二十多年间，他们与命运抗争、同强敌战斗，经历过无数血雨腥风，无数次死里逃生，依然追求理想，用一句当代时髦的话就是，他们用自己的实践行动诠释了什么叫做"不抛弃，不放弃"。

《周易·系辞》上说："二人同心，其力断金，同心之言，其臭如兰。"刘、关、张三人义结金兰，三人同心，终成大业，万世敬仰。

四、孙权团队成功的奥秘

孙权的父亲孙坚是三国时期名将孙武的后人，也是东吴的奠基人。18岁的孙权从哥哥孙策手中接下东吴的权杖，主政东吴52年，长达半个多世纪，孙权也是三国时期在位时间最长、最长寿的君主。一代枭雄曹操曾发出"生子当如孙仲谋"的感慨，孙权的领导才能体现在哪些方面呢？

1. 大兵压境，处乱不惊

公元208年，曹操率百万雄师，兵临长江北岸，大有一举吞并东吴、一统天下的气概，东吴是战还是降，煎熬着这位年轻的君主（孙权当时26岁）。然而，孙权表现得非常老练沉稳，首先让大臣们发表意见，充分讨论，以观其利害，然后再果断决策。恰在此时，刘备团队的军师诸葛孔明前来助阵，两人心有灵犀一拍即合。

大敌当前如劲松，乱云飞渡仍从容。赤壁之战打出了东吴的威风，更强化了孙权的执政地位。临危不乱，处乱不惊，是领导者的基本素质。

2. 眼光锐利，识人善用

纵观三国历史，孙权三次拜将，打赢了三场大仗，且对手都是天下闻名的强敌。首先拜周瑜为大都督，打赢了赤壁之战；后来拜吕蒙为大都督，打败了关羽，收回了荆州；第三次拜陆逊为大都督，打赢了夷陵之战。这三战的对手分别是老谋深算的曹操、勇冠三军的关公和戎马半生的刘备。可以说，哪一仗都关乎东吴的生死存亡，用人稍有闪失，孙权就会成为亡国之君。

3. 善纳忠言，宽厚包容

在三国各团队中，孙权的队伍最稳定，人才流失最少，几乎无一叛将，这与孙权的用人宽厚不疑、果断授权密不可分。面对强大的曹操，几十年间，战还是投降始终威胁着东吴君臣，当然，各大臣政见不一，但孙权并没有因此而治他们的罪，这一点正符合了今天的组织行为学中组织冲突理论的观点。

美国通用汽车（GM）前总裁阿尔弗雷德·斯隆在公司内定了一条规

矩，凡是公司遇到重大事件需要决策时，如果没有人提出不同观点和意见，就必须暂缓决策，听不到不同声音、一边倒的意见对于重大决策是非常危险的。

应该说在那个动乱的年代，东吴的百姓远离主战场中原大地，避免了战火的蹂躏，加上东吴军人很少远征他国，因此东吴人民在孙权统治下生活是比较平和幸福的。

五、袁绍团队失败的原因

袁绍出身名门望族，其祖上四世三公，声名显赫，是东汉时期少有的大家族。

在东汉末年天下大乱之际，由于袁绍兵多将广，在讨伐董卓的各路诸侯中是最具实力的头领，所以被众头领推举为盟主。袁头领可谓在争夺天下的开局中抢占了先机，但为什么袁绍团队早早就土崩瓦解、灰飞烟灭了呢？他为什么被曹操打得落花流水、狼狈不堪呢？

1. 外强中干，有眼无珠

东汉末年十八路诸侯讨伐董卓的盟军大营，战争打得很胶着，形势对盟军非常不利，董卓大将华雄连斩多位盟军将领，盟军士气大受影响，在此危急关头下，关羽主动请缨战华雄，当袁绍得知他只是一名马弓手时，大喝道："汝欺吾众诸侯无大将耶，量一马弓手，安敢乱言，与我打出。"

领导用人，应英雄不问出处，赛马而不相马，大敌当前危机关头，连上战场的机会都不给关羽，袁绍总端着架子，是何道理？

2. 多谋少断，刚愎自用

袁绍极度不信任下属，大臣们稍有差错都可能招来牢狱之灾，甚至杀身之祸，对大臣们缺乏起码的尊重，众大臣整日战战兢兢，谁还肯卖力、谁还敢卖力？

把第一谋士田丰投入大狱，迫使许攸连夜投奔曹操。又错用酒鬼淳于琼把守大军的乌巢粮仓命门，一连串的战略决策失误，导致官渡一战溃不成军，使当时天下势力最大、兵力最强的、庞大的有百年积累的袁绍集团迅速土崩瓦解。

3. 天子不满，百姓厌恶

消灭了董卓和公孙瓒后，袁绍总想废掉汉献帝，此举引起了汉献帝的强烈不满。虽然此时汉献帝在曹操的控制之下没什么实权，是一个地地道道的傀儡皇帝，但四百年大汉根脉绵长，皇帝在人们心中依旧是真龙天子，因此，袁绍要废掉汉献帝，社会主流舆论让他处于处处被动的局面。

而且北方百姓多年遭受战火蹂躏，而袁绍不顾百姓身处水深火热，一心想扩大自己的势力，恰在此时曹操巧妙利用天子这张王牌，代表大汉皇帝向百姓宣称：我讨伐袁绍是为了让天下黎民百姓远离战火，过上太平日子。

至此，袁绍从道义上被完全孤立了，愚蠢的决策加上失去百姓的支持，失败是必然的结局。

▶ **案例链接：**

大汉高祖，沛公创业一二三

"大风起兮云飞扬，威加海内兮归故乡，安得猛士兮守四方！"这首《大风歌》直抒胸臆，雄豪自放，充满着一种霸王之气，抒发了刘邦内心对国家尚不安定的担心、惆怅。这里体现着王者的大气和小心，感性之余不忘理性思维，心潮澎湃头脑冷静，这是成大事者必备的宝贵的居安思危意识。

"夫运筹帷帐之中，决胜千里之外，吾不如子房（即张良）；镇国家，抚百姓，给馈饷，不绝粮道，吾不如萧何；连百万之军，战必胜，攻必取，吾不如韩信。"刘邦敢于承认自己的不足，这体现着王者的胸怀和包容，善于授权体现的是领导者运筹帷幄的全局把控能力。

这些能力都是创业带团队必须具备的本领，且看刘邦是如何开创大汉朝400年基业的。

有人评价刘邦年轻时是这样一个人："游手好闲，好酒及色"，后来做皇帝也是一个"流氓皇帝"。这显然是戴着有色眼镜看问题，事实上刘邦"游手"表现出的是游侠、侠客、仗义精神，而不是什么也不做的混混，"好闲"主要是由于刘邦不愿意从事农业生产，人们认为他不干活，事实上说刘邦"好闲"也可以理解为"好客"，正应了孔子那句话"有朋自远方来，不亦乐乎"，所以刘邦朋友多、人缘好；"好酒及色"正应了歌中唱到的"朋友来了有好酒"，由此我们可以得出，年轻时的刘邦是一个不爱从事生产、有着游侠精神、善于交际又好客、人脉广人缘好、爱追女孩子的男青年。这些特点让人觉得刘邦这个人很好接近、很接地气，像一个好客的街坊大哥。

就因为这种性格，刘邦在年轻时就结识了卖狗肉的樊哙和吹鼓手周勃，这两个人都为刘邦打江山立下了汗马功劳。樊哙在街头卖狗肉，做买卖需要一张随和的笑脸，但樊哙天生一脸横肉，让人见了就想躲得远远的，因此生意不好，刘邦就上前捧场帮助吆喝，招揽生意，卖出了不少狗肉，一来二去，两人成了好朋友。周勃是个吹鼓手，乐乐呵呵，人脉广人缘好，是一个很好的宣传干事。

樊哙忠诚正直是一个干事业的好帮手，周勃是一个广告宣传推广的得力干将，这都是创业不可或缺的人才。

由于刘邦喜欢喝酒凑热闹，哪儿人多他就往哪儿钻，这不机会来了。吕公由于和家乡的人结下冤仇后到沛县定居，因为县令和他是好友。很多人听说了他和县令的关系，于是便来上门拜访，拉拉关系、套套近乎。刘邦听说了也去凑热闹，当时主持接待客人的是在沛县担任主簿的萧何，他宣布了一条规定：凡是贺礼钱不到一千钱的人，一律到堂下就座。

刘邦根本不管这些，虽然他没带一个钱去，他却对负责传信的人说他出贺钱一万！吕公听说了赶忙亲自出来迎他。一见刘邦器宇轩昂、与众不同就非常喜欢，请入上席就座。吕公这个人喜欢给人相面，看见刘邦的相貌就非常敬重他。刘邦一点儿也不谦让，干脆就坐到上座去。酒喝得尽兴了，吕公向刘邦递眼色，让他一定留下来。吕公说，他从年轻的时候就喜欢给人相面，经他相面的人多了，没有谁能比得上刘邦的面相，希望刘邦好自珍爱。他有一女，愿意许给刘邦做洒扫的妻妾。酒宴散了，吕媪（古时候对上了年纪的男子和妇人分别尊称为"公"与"媪"）对吕公大为恼火，说吕公起初总是想让这个女儿出人头地，把她许配给个贵人。沛令跟他要好，想娶这个女儿还不同意，今天为什么随随便便地就把她许给刘季（古代男丁分伯仲叔季，即老大、老二、老三、老小，刘邦是小儿子，故又叫"刘季"）了呢？吕公说，这不是女人家所懂得的。吕公最终把女儿嫁给了刘季。吕公的女儿就是后来高祖的吕后。

这是刘邦年轻时干得最漂亮的一件事，一分钱没花，饱餐一顿还抱得美人归，为自己娶了个有文韬武略的妻子——吕雉。从这件事可以看出刘邦的胆略和英雄豪气，即使没有钱也要信心满满地做堂上客，这一点对创业者来说非常重要，因为创业伊始，资金、规模、经验等肯定是不足的，不能因此就苟苟且且、畏畏缩缩，不自信的人是无法开创事业的。

后来刘邦当了亭长，为泗水郡押送徒役去骊山，由于路途遥远、艰辛异常，徒役们有很多在半路逃走了。刘邦估计到了骊山他们也都逃光了，所以走到芒砀山时停下来，用剩下的费用为大家买了酒肉一起饮酒，趁着夜晚把所有的徒役都放了。刘邦叫他们都逃命去吧，从此他也要远远地走了！徒役中有十多个壮士愿意跟随他一块走，后来刘邦就带着这十几个好汉钻进深山落草为寇，静观时局变化。从这一点可以看出刘邦仗义且识时务，而且为人宽厚，体恤百姓的苦衷，有担当精神。身为体制内官员，私放徒役是严重的渎职行为，可见刘邦敢作敢当，是一条好汉。这也是创业者的基本素质，负责任、有担当。当公司里有事没人负责的时候，老板是最终负起责任的人。

最后我们以毛泽东对刘邦的历史评价作为结语，毛泽东说刘邦是在封建时代被历史学家称为"豁达大度，从谏如流"的英雄人物。刘邦同项羽打了好几年仗，结果刘邦胜了 项羽败了，不是偶然的。能够打败项羽，是因为刘邦和贵族出身的项羽不同，比较熟悉社会生活，了解人民心理。总之，汉太祖刘邦得天下，一因决策对头，二因用人得当。

▶ **思考：**

1. 刘邦为什么能够赢得天下，开创汉朝400年基业？

2. 刘邦的成功给我们什么启示？

第二章

创办企业成败的奥秘

八十多年前，"宏观经济学之父"凯恩斯出版了巨著《就业、利息和货币通论》，书中指出就业是经济发展的关键因素，就业是藏富于民、富民强国的首要前提。西方学者的这种观点同春秋时期齐国的宰相、经济学家、政治家管仲的经济理论和"安人之道"不谋而合。

笔者认为，创业可以分为广义和狭义之分，狭义的创业是指开创工商企业、自立门户，本书中我们主要讨论的也是此种创业的事；广义的创业是指开创一项事业，不一定就需要自立门户、注册公司，"善假于物、善择明主"，和老板一起创业，做老板的创业伙伴，就好比关羽、张飞、诸葛亮同主公刘备一起创业建立了蜀汉帝国。

创业型员工是老板们求贤若渴的难得人才，对员工来说，同老板一起创业，成就梦想，也是保险系数非常高的智慧选择。创业型员工以创业的心态去工作，而非以打工的心态去做事，干一天活，拿一天工资；创业型员工是积极的、主动的、向上的，打工型员工是消极的、被动的，甚至是悲观的。

马云说："创业路上需要激情、执着和谦虚，激情和执着是油门，谦虚是刹车，一个都不能缺少。"老子说："万物负阴而抱阳，一阴一阳之为道也。"

接下来，就让我们共同踏上充满诱惑、风雨和彩虹并存的创业之路吧。首先来看Facebook的创业之路。

正在哈佛大学读书的扎克伯格有一次在学校的餐厅和女友的争论中产生了灵感。2004年2月，扎克伯格和两位大学同学在哈佛的学生宿舍中创办了一个名叫"the face"的网站，定位于"为哈佛同学提供互相联系的平台"，要求实名登记。

不到一个月时间，就有一半以上哈佛本科生注册登录，两个月后，the face覆盖了美国所有常春藤大学，2004年底注册用户突破百万。2005年5月，Facebook获得了Accel Partner公司提供的1270万美元的风险投资，至此，Facebook走上了发展的快车道，2005年底，Facebook覆盖了欧美、大洋洲的2000多所学校。

之后，广告商蜂涌而至，他们在Facebook上收集注册用户的基本资料，包括年龄、性别、收入、兴趣偏好等数据，并根据得到的精准信息把广告准确地投放给有特定需求的顾客群体。

2012年2月2日，Facebook提交申请IPO（首次公开募股），公司股票估值1000亿美元，同年5月18日，Facebook在纳斯达克成功上市，每股38美元，至此，扎克伯格成了世界上最年轻的富豪。

创业很容易、很好玩，是吧！然而，世界上只有一个Facebook，也只有一个扎克伯格。

一、创业之前细思量，创业成功是小概率事件

对创业者来说，往往是既要当方丈管理寺庙，又要当普通和尚撞钟。员工不能做、不愿做的事情都需要老板来全面解决，老板是最终为企业所有义务负责的人，因此创业之前不得不想清楚、细思量，也就是老百姓常说的"把丑话说在前头"，必须把风险考虑周全。

创业成功是小概率事件，兵法云"知己知彼，百战不殆"，人人都知道这个道理，但在创业时能真正做到的又有多少人呢？我在过去二十多年的工商企业实践中，经历过成功的企业，也经历过失败的公司，既体验过成功的喜悦，也品尝过失败的苦果。

我有一位朋友，他在政府的工商职能部门工作过多年，后来，为了追逐创业梦想下海创业办公司，当我们一起聚会交流谈创业感受时，朋友略带苦衷但仍幽默地说道：真正创业办企业就是给人家当孙子，处处都需要求爷爷告奶奶，谁让咱要创业呢？

朋友的创业感受正应了马云说过的那句话："创业这条路踏上了，就是跪着也要把它走完。"

因此，创业者都要明白"没有人能随随便便成功"，任何一个准备创业的人都要想清楚，扪心自问：我是否已经做好心理和生理上的准备开始过非人般的日子，我是否愿意把那些从千军万马过独木桥上走过来的成功创业者所吃的苦、经历的磨难、承受的压力在随后的日子里也经历一遍，甚至数遍？马云曾这样说过："别人可以复制我的商业模式，但很难承受我所经历的苦难。"

作为创始人，你必须给合伙人、投资人、员工、客户等利益相关者一个交代，越是要紧的事你越要一个人承担，你寂寞、孤独、无助，你需要

应付内忧外患，必须做到脸上经常挂着职业的微笑和故作淡定。相信每一个创业者都经历过无数个不眠之夜，抑或从梦中惊醒。

一旦选择创业，就再也没人给你发工资、发奖金、发福利了，相反，却有人盼着你给他发工资、发奖金、发福利，你心里必须时刻想着给员工发工资、发奖金、发福利。

一旦创业，从招兵买马、租场地、购置设备到开张之日起，你就会真正体会到什么叫"人在江湖身不由己"。

一旦创业，创业的机会成本你必须承受。所谓机会成本，就是你选择了A（创业）就意味着放弃了B（工资、奖金、福利等），那么，B就是你创业的机会成本。创业成功是小概率事件，只有不到10%的人适合独立创业。因此，做他人的创业伙伴是大多数人的明智选择。

激动归激动，创业需谨慎。

创业路上最常见的不是成功，也不是失败，因为大多时候你不知道是成功还是失败，你必须做好长时间苦苦挣扎的思想准备，伟大是熬出来的。创业成功之所以是小概率事件，主要是因为大多数创业者"熬不住了"，熬住了你就很可能会成为幸运儿。

马云又说了："你一旦选择创业，你在胡同里徘徊的时间比找不到家的猫用的时间还要长。"因此，为避免无谓的徘徊，在创业之前，每一个创业者都要把以下五件事搞清楚：

1. 我创业的终极目标是什么？我为什么要创业？是单纯为了赚钱还是要实现人生价值？

2. 我拥有哪些资源？我将采用什么方法实现这一目标？

3. 我的事业对他人有哪些帮助？我能为他人创造什么价值？我能为

他人解决什么问题？我的事业符合社会潮流吗？

4. 我能扮演好创业者这个角色吗？我具备带团队的能力吗？我小时候做过孩子王吗？如果一个人从小到大，从未当过"头"，也没有一个追随者，能带好队伍吗？

5. 我的创业能挣到钱吗？不挣钱是很难生存下去的。

二、创业者必须具备"火眼金睛"，慧眼识机会

不怕没机会，就怕没眼光，机会遍地跑，能抓住的机会却少之又少。三国时期，曹操于官渡之战大败袁绍后，刘表对刘备发感慨，后悔没听刘备的建议趁曹操北上远征之际袭击许都，以后恐怕再也没有机会了，刘备回应刘表说，当今天下兵戈四起，机会遍地都是，以后机会来了再抓住就是了。也许这就是英雄和普通人对机会的不同看法吧。

在机会面前，我们应该做到不眼花缭乱，更不能晕头转向，要时刻保持一颗火热的心、冷静的头脑。高山涌泉，我只取一瓢饮。

识别机会、抓住机会非常重要，那么，我们怎样提高识别机会、抓住机会的能力呢？

1. 养成良好的调研习惯。没有调查，就没有发言权，没有充分调查，也要剥夺你的发言权。创业者对市场环境的了解越透彻，越了解消费者的内在需求，你就越有可能成为掌控创业航船的优秀舵手。

2. 创业者要多听、多看、多问、多想、多琢磨，读万卷书、行万里路、经历丰富、阅人无数，全方位地接受并高效处理八方信息。海量信息、大数据中自有黄金，它们是金山、银山。

3. 独特的思维方式，既要合群又不随大流，真理只存在于少数人手中，机会只有差异化思考者方能从纷繁复杂的表象中发掘出来。

4. 变化之中寻找机会。有人说："当今社会，唯一不变的就是变化。"一位管理大师把创业者定义为"寻找变化，积极反应，并把变化当作机会充分利用的人"，雷军在手机智能化的变革中巧妙地抓住了机会，试想如果雷军满足于模拟或数字时代的稳定状态，还会有今天小米的辉煌吗？

5. 在问题中发掘机会。市场的问题、客户的问题才是我们创业的理由和发展的动力之源。企业存在经营管理上的问题，管理咨询、培训公司才会应运而生并蓬勃发展。

6. 在创造发明、新科技中寻找机会。网络的普及、3D技术的发展、机器人的运用等，必将彻底改变人们的生活和工作方式，SOHO（单独办公、家里办公）办公方式将越来越多，知识经济是将来的主流业态。

7. 竞争就有机会，越是市场开放，机会越多，越是充分竞争，机会就越多，竞争不可怕，垄断才最残酷，因为垄断根本就不给人竞争的机会，垄断的领域不可能有机会竞争。

机会总是为时刻准备抓住机会的人准备的。

三、没梦想，不创业，梦想是创业的唯一理由

数遍天下创业英雄，大多为性格偏感性之士。创业路上苦闷而悲催，没有创业梦想是很难坚持下来的，拥有梦想才是选择创业的根本理由，不仅仅是为了生存和赚钱。绝大多数创业者都会沦落进苦苦挣扎的境地，一时很难赚到钱，甚至赔钱，甚至会血本无归。创业过程苦不堪言，而梦想是创业者的指路明灯，是创业航船在茫茫黑夜中航行的灯塔。

创业本质上是一个不断试错的过程，只要你还没有放弃就不能说是失败了，只是一时失利，暂时还没有成功。蜜蜂和苍蝇谁能飞出玻璃瓶的试

验得出的启示再一次说明，只有不断试错才可能成功逃脱瓶子的束缚，"认死理"导致辛勤的蜜蜂最终把自己活活累死在瓶子里。

借鉴他人的经验无疑是智慧之举，任正非说："我们必须向IBM学习，向他们学习付出数十亿元血的代价换来的宝贵实践经验，可以用拿来主义，先僵化，后优化，再固化，形成我们华为自己的东西。"《华为基本法》就是在"标杆管理"的理念指导下的产物。

有梦想作伴，在不断试错的路上，才不会苦闷和孤独。

创业是一种生活方式，创业也是我喜欢的生活模式，我更喜欢和志同道合者一起开创事业，苦中有甜，回味无穷。我坚信，我们虽然不能拓展生命的长度，但完全可以拓展生命的深度和广度，而创业就是拓展生命的深度和广度的最佳途径。

四、选择创业伙伴，组建创业团队

开创事业，任重道远多艰险，所以选择创业伙伴非常重要。有人调侃说，开创事业，不怕狐狸一样的对手，就怕猪一样的队友。选择优秀的伙伴一起远行是无比美好的体验，心相连、手挽手，创业路上不畏艰险、不怕孤单，因为有你相伴。

创业成功与否，最关键的因素是资金吗？不是；是技术吗？也不是；是产品吗？更不是。那最关键的因素是什么呢？是人，事在人为，人选对了，一切都好办，人不靠谱，做的事很难靠谱。那么，我们该如何选择创业伙伴、率领创业队伍呢？

首先就是看价值观是否志同道合。价值观是人们在一定的思维感官之上做出的认知、理解和判断，是人们判定是非、认识事物的一种思维取向，也是人们对某事价值几何的内在认定，是对善恶、美丑、对错的根本看法和观点。价值观具有稳定性和持久性，道不同，志不合，道不同，不相为谋，价值观可以看出一个人的合作动机和发心。

其次，看脾气秉性能否兼容。这方面没有统一的标准，既可以选择与自己脾气相同的人，气味相投容易共事；也可以选择与自己脾气秉性相异的人，实现优势互补，取长补短。无论是脾气相同还是相异，基本前提是能否互相包容、互相适应。

再次，看过往经历和兴趣爱好。人生的每一种经历都会自动给我们打上难以磨灭的烙印，一生都难以褪去。工作经历是人们谋生的手段和价值体现，兴趣爱好是一面镜子，它能够照出一个人的本真，好赌酗酒、好色之徒是开创事业之大忌，有此类嗜好的人万万不可以选择做创业伙伴。

从一个人的过往经历和兴趣爱好可以洞察一个人的品德修养，虽然选择创业伙伴时不能苛求对方完全是仁人君子，但绝不能有品格缺陷，品格出了问题，创业之路将是一条万劫不复的不归路。

还有，看他的家庭状况和朋友圈。近朱者赤，近墨者黑，一个人生在什么样的家庭是自己无法选择的。但我们必须承认家庭对一个人的影响是最大的，看一个人对父母、孩子、家人的态度和责任感，就基本可以认识这个人是一个什么样的人。除了家庭之外，朋友对一个人的影响也举足轻重，看一个人交往什么样的朋友基本就可以看出他是什么样的人。

最后，看他的敬业担当精神，为人是否仗义。创业路上有时候很难分得清谁的职责到底是什么，遇到问题和困难大家一起上，而不是找客观理由推卸责任。三国时期的名将赵子龙受到后人敬仰，主要是因为其武艺高强、品德高尚和具有敬业担当的精神。一个没有责任心又斤斤计较、小心眼的人是不适合做创业伙伴的。

选择创业伙伴是关键，开创事业就要带队伍。和创业伙伴一起定战略，带领员工伙伴一起执行战略战术奔向未来。

开创事业，人选对了，事选对了，时机选对了，创业就已经成功了一半，接下来在具体行动中才能事半功倍。

五、创业者的修为和修炼

创业者的修为和修炼主要体现和聚焦在心力上，修为和修炼重在修心，所有的竞争从始至终都是心力的竞争。心力的较量也是对极限的承受能力的较量，你的极限其实也是对手的极限，你撑不住的时候其实对手也快不行了。这时就看谁的心力能再多撑那么几分钟，谁就会成为大赢家，所有的成功者无一例外都是内心无比强大的人。

创业者"修心"的三大法宝是：第一，永远自信，永不言败；第二，志存高远，追求卓越；第三，坚韧不拔，愈挫愈勇。

修为和修炼包括内修和外修，内修主要指的就是修炼自己的毅力、意志。外修主要体现在如下几个方面：

1. 创业者必须具备敏锐而独到的眼光，审时度势、洞察秋毫，风吹草动皆能心领神会。

2. 创业者要有一定的专业能力，一定要在某些特定领域熟练精通、游刃有余。

3. 创业者要有高超的管理能力，首先是管理好自己的日常生活，一个连自己都管不好、一塌糊涂的人怎么可能经营好一个由许多人组成的组织呢？经营管理好一项事业比经营管理好自己的日常生活复杂若干倍，一屋不扫，何以扫天下？

4. 创业者要有坚强的毅力和宽广的胸怀。战国时期，商祖白圭作为世界上最早的商学院院长提出"智、勇、仁、强"四字箴言，其中"强"

字指的是自强不息、顽强拼搏。创业者始终要有顽强的毅力，不能做到自强不息者，意志薄弱者不要贸然创业。创业路上要接触到形形色色、各行各业的人，我们不能以自己的好恶来评判别人，创业者应该做到能够吞吐世之万物、消化人生百态。

5. 创业者要诚实守信、稳重踏实。孔子曰："人无信，无以立。"当今社会是信息经济时代，信任比金子还珍贵。三国之刘备，内严外宽、礼贤下士，以信义得人心，海内宾服、人心所向。犹太商人在世界范围内信誉口碑令人信服，是诚信为其赢得了世人的尊重。创业小成不难，难的是小成之后头脑不发热、脚跟不发飘，稳重、厚重才能安享成功。

总之，创业者的修炼和修为主要体现在修心、专业、专长、诚信、眼光和厚重等方面上。

六、不抛弃、不放弃与"六商"领袖魅力

今天的时代是一个追求速成的时代，什么都追求快、追求速度，殊不知，速成的东西"多缺钙"，缺钙的骨骼多脆弱。十几年前，保健品产业领域的开创者三株口服液只用了短短三年时间就实现了飞速发展，销售额达百亿元，然而一个小危机就使得庞大的三株大厦瞬间土崩瓦解，原因是飞速长大的三株虽然拥有巨人般的身躯，却只有婴儿般的骨骼，这样来看，三株的崩盘就不足为奇了。

再看马云的电商行业，从20世纪90年代中期到公司在美国上市，前后经历了二十多年的成长时间，骨骼健壮、肌肉结实。创业者必须经过风霜雨雪时光岁月的磨砺和洗礼，不抛弃、不放弃，方能修成正果。

当今社会，人们不仅注重智商，更注重情商。但作为创业者，仅注重智商和情商是远远不够的，现在是"六商"并进的时代。所谓"六商"主

要包括德商、智商、情商、逆商、财商和健商。

德商（Moral Intelligengce Quotient，简称MQ）高的人做事不会走偏。中国人习惯把品德高、能力强的企业家尊称为儒商，儒商的基础就是德商高，德商涵盖的内容包括尊重、宽容、诚信、责任、担当、忠诚、敬业、礼貌等素养，这些都是中国传统文化中人们非常看重的做人准则。

智商（Intelligence Quotient，简称IQ），是衡量人们智力水平的指标，聪明机智、头脑灵活、反应敏锐、不认死理、善于逻辑等都是智商高的表现，俗话说"宁和聪明人打场架，不要同糊涂人说句话"，创业者拥有智慧是树威立信的先决条件。

情商（Emotional Quotient，简称EQ），体现的是创业者对自己的情感和情绪的把控能力。对比刘备和曹操的情商，曹操的情商要低一些（智商可能略高一些），曹操错杀吕伯奢一家七口后说出"宁可我负天下人，不可天下人负我"，给后人留下把柄，以及赤壁大战前夕武断地斩杀水军都督蔡瑁、张允都说明曹操容易冲动，把控情绪的能力差一些（青梅煮酒论英雄说明刘备把控情绪的内功更深厚一些），试想，如果曹操因错杀吕伯奢一家后有自责和后悔的态度，可能后人对他的评价会有不同。再看刘备，在张飞因贪酒丢了他们唯一的立足之地——徐州后，张飞因无言面见大哥羞愧难当欲拔剑自刎时，刘备握着张飞的手说："徐州得不足喜，失不足忧，兄弟如手足！"刘备的情商非一般可比！

逆商（Adversity Quotient，简称AQ），是指创业者面对艰难困苦、深处逆境、摆脱困境的能力。创业者坚信遇强则强、遇弱则弱，没有人可以随随便便成功。正如孟子曰："天将降大任于斯人也，必先苦其心志，劳其筋骨，饿其体肤，空乏其身，行拂乱其所为也，所以动心忍性，增益其所不能。"

财商（Financial Quotient，简称FQ），就是一个人对待金钱的态度，以及聚财散财之道，我们既不能当守财奴，也不能做败家子。牛根生深信"财聚人散、财散人聚"的道理，此所谓"千金散尽还复来"；陶朱公"三聚三散"的故事早已成为千古美谈。所有这些，都是财商高的表现。

健商（Health Quotient，简称HQ），健康的重要性人人皆知，但能够在紧张的压力下做到健康生活的人寥寥无几。拼命三郎型的创业者们一定要把控、平衡好事业和健康的关系。

创业者要均衡发展，离不开"学、察、悟、谋、境"五字真经："学"字经，不断学习才能使人不断补充营养、吐故纳新；"察"字经，洞察力就是看透事物本质的能力；"悟"字经，悟性高的人能使自己内心长出新东西来，生根发芽、开花结果；"谋"字经，中国是崇尚谋略的国家，谋略鼻祖姜太公被人们奉若神明，从姜太公到孙子到今天的人，谋略在用而不在于说；"境"字经，创业者不断提升自己的境界和格局，才能站得高看得远。

七、企业家精神的核心——责任心

做人难，做企业家更难；

做事情难，开创事业更难；

做企业家难、创业难，做创业型企业家难上加难。

然而，许多人心甘情愿放弃四平八稳的生活和工作平台，选择了创业，选择了跌宕起伏、风雷激荡、惊心动魄的企业家事业，因为他们坚信"无限风光在险峰"。

今天的中国并不缺乏会挣钱的"企业家"，但缺乏真正拥有企业家精神的企业家，在这里，我们不讨论"大而全"的企业家精神，而是直指企业家精神的核心穴位——企业家的责任心。

企业家的责任心主要体现在五个维度：

一是企业家要为你的员工负责；

二是企业家要为你的客户负责；

三是企业家要为社会负责；

四是企业家要为股东和家人负责；

五是企业家要为自己负责。

第一个维度，企业家必须为你的员工负责。现在是双向选择时代，员工选择了来企业工作，他们把青春年华、大好时光奉献给了企业，同时还要养家糊口、改善生活。在企业里，企业家和管理层经常强调员工要有感恩之心，但他们是否对员工有感恩之心呢？君不见，有的老板自己经常出入豪华酒楼、住别墅、开豪车，却心安理得地拖欠员工区区几千元、几万元的血汗工资。此类所谓的"企业家"缺乏起码的道德情操，这些所谓的"企业家"最终只会成为孤家寡人。所有成功的企业家无一不是心里装着员工的人，马云如此、任正非也如此。

第二个维度，企业家必须对客户负责。为客户负责是企业生存的不二法门，真诚为客户着想，不断提高客户的满意度，就能增加企业的生命力和抗风险能力。有客户企业才会有效益，凡事要一心一意为客户着想，企业的一切生产活动都围绕使客户满意来开展，不断提高产品的使用价值和美誉度，在残酷的竞争中仍然能生存。反之，如果把客户的感受、要求和满意度置之次要或可有可无的地位，企业迟早会丧失客户信赖。失去客户的信任和忠诚，就没有企业的可持续健康发展。企业把客户放在什么位置，客户就把企业放在什么位置。任正非在华为树立了一个规矩，只要是客户来访，不管客户规模多小，必须安排时间相见；无关人员，不论地位多高，尽量不见。

第三个维度，企业家必须为社会负责。至今依然清晰记得，笔者十二年前攻读MBA，导师为我们上的开学第一课讲的就是企业家的社会责任，因为MBA教育主要是为社会培养商业人才和企业家人才的。所谓企业家的社会责任就是看似与企业盈利关系不大、实际上关系巨大的事情，关于什么是企业家的社会责任，每个人心中都有一杆秤。企业家的社会责任确实关乎企业的未来，只有拥有社会责任的企业家才会有未来。前段时间，有媒体用"别让曹德旺跑了"的标题做噱头吸引公众注意力，此类媒体把实业者曹德旺同那位靠地产发家的华人首富相提并论了，三十多年来，曹德旺坚守制造业，靠生产一块一块的汽车玻璃挣钱，把自己辛辛苦苦挣来的近百亿元做公益捐给了社会，曹德旺用真金白银践行了什么是企业家的社会责任。

第四个维度，企业家必须为股东和家人负责。在这里，我们把股东比作家人，企业家要像对待家人一样对股东负责。一些企业家因为业务繁忙，对家人照顾不周，这里有客观因素，也有主观因素。正是因为缺少对家人的照顾，有些人事业成功了，但后院起火了，确实得不偿失。家庭才是企业家这艘航船永久的港湾，我有一位身价数十亿的企业家朋友，他给自己定了一条规矩，只要能够回家，不管多晚一定要回家睡觉，不管多忙一定要抽出时间来陪老人，时刻关心孩子的学习和成长。股东好比家人，他们把真金白银交给了你来开办企业，是对你的十二万分信任，股东的钱一分也不能乱花。

第五个维度，企业家必须对自己负责。此话貌似废话，实则意义深远。有的企业家以"工作狂"来标榜自己对事业的热爱，拼命工作、透支消耗自己的精力，过度磨损身体，更有甚者，为了缓解透支的身心采取过度娱乐的愚蠢方式，殊不知过度娱乐也是对身体的透支，对健康的损害无异于雪上加霜。企业家要明白，你的身体既属于自己，还属于家人、员工、客户和社会，对自己的身体负责才能对别人的利益负责。

企业家精神是一个永远也说不尽的话题，企业家是社会的脊梁，企业家撑起了社会的经济大厦，应该得到社会的认同和尊重。

八、创业之始，确立商业模式和企业文化

商业模式和企业文化是一实一虚的关系，商业模式就是关于企业如何赚钱、如何为客户创造价值的模式，是"实"的方面；企业文化属于精神、信仰、哲学层次，属于"虚"的方面。一个成功的企业一定要有具有可持续发展的商业模式，同时也必须形成独特而稳定的企业文化。我们可以把商业模式比作企业经营管理的钢筋骨架，骨架搭好了，其他内容填充起来就容易多了，走正道是企业构建商业模式的先决条件。

人类历史上最早、持续时间最长的商业模式是店铺模式，今天人们把卖场从街头搬到了互联网上，就是店铺模式的创新。

那么，创业者该如何搭建企业的商业模式"大厦"呢？要考虑以下几点：

1. 价值主张，也称核心价值，即企业通过何种方式能为客户创造哪些独特的价值。

2. 市场切分，专注于做减法，企业通过锁定潜在目标客户需求，以特定产品满足其需求。

3. 客户关系，稳定长久的客户关系是企业正常经营的基石。

4. 营销渠道，即通过哪些途径将产品传递至目标客户手中。

5. 核心资源，企业拥有的核心资源是其实力、优势的客观体现。

6. 收入来源，企业必须赚钱，必须明确自己有哪些关键业务模块能保证现金流畅。

商业模式是硬实力，企业文化是软功夫，一手硬一手软也是辩证法，也可以称之为"道"。企业文化包括企业的愿景、使命、价值观、行为方式、经营宗旨等因素，是一个团队充满活力和前进动力的不竭源泉。企业创建之初必须注重建立符合自己特征的企业文化，一个没有文化的企业是走不长也走不远的，企业既要学会赚钱，又要培养自己的文化修养。只会赚钱而没有文化的企业是土豪型企业，缺乏灵魂和思想。企业必须讲利益，同时更要讲理想。

因此，创业之初老板们就应一手抓怎样赚钱，一手抓怎样用文化支持企业健康持续地发展。

九、防范风险、胜败有凭，放弃也是一种美

创业有风险，从商需谨慎。所谓创业风险主要体现在政策风险、科技风险、市场风险、人才风险、资金风险、产品风险等方面，未雨绸缪，制定各种风险预案，才能做到临危不乱。创业必要时也需要"死扛"一下，但要适可而止，不要把自己"扛死"。

创业者必须做到冒险但不能"掉底"，因为冒险不是赌博，创业者具有高超的预见性才能使创业活动少走些弯路，规避陷阱。

▶ **案例链接：**

古稀之年创业，耄耋之年成功
——从"烟王"到"橙王"：褚时健的传奇人生

他是一个有罪的人；

他是一个功勋卓著的人；

他是一个古稀创业、耄耋成功的人。

他叫褚时健，现年89岁，民营企业家。

1999年1月9日，因贪污174万美元，褚时健被处无期徒刑、剥夺政治权利终身，后减刑为有期徒刑17年。

褚时健是中国最具有争议性的财经人物之一，曾是20世纪90年代中期中国有名的"烟草大王"。在褚时健效力红塔的18年中，为国家创造的利税高达991亿元，加上红塔山的品牌价值400多亿元，为国家贡献至少有1400亿元。

他一度远离公众视野，在沉寂多年后的2002年，保外就医的褚时健与妻子马静芬承包荒山，开始种冰糖橙。十余年后，褚橙年产10000吨，利润超过6000万元，被称为"云南最好吃的橙子""中国最励志的橙子"，并风靡全国。八十多岁的褚时健从"烟王"变身"橙王"，开始攀登他人生的又一高峰。他的故事和创业精神深深影响了中国企业界和无数为明天而奋斗的创业者和年轻人。

倔强的古稀老人在一无所有时开始再次创业，当时没有人相信他会弄出如此大的动静，很多人都以为老人家只是找个清闲地方"采菊东篱下，悠然见南山"，承包几十亩青山，种几棵橙子树，每天有点事做，呼吸着新鲜空气安度晚年。然而人们都想错了，人们太不了解这个真正的企业家的志向了。

时至今日，一说起褚时健种橙子成功，有些人会说，他积累了多年的人脉，靠老关系卖些橙子自然没有问题。内行人都清楚，办企业离不开人脉，但人脉不是决定性因素，尤其是像橙子之类的农产品，褚橙能热卖关键还是靠自身的品质。褚时健说过："你开个饭馆，好朋友们来捧场，可以来一次、二次、三次，来个四五次给你送钱也没关系，可要是你做的东西不好吃，那谁也不会再来了。"

褚时健做褚橙永远把品质放在第一位。2007年橙树开始挂果收获时，褚时健就和老伴马静芬商量如何建立褚橙的销售网络，主要分三步走：第一步，首先让昆明乃至云南全省接受褚橙，赢得云南本地人的信任和口碑；第二步，走出云南省，开拓四川、重庆等周边省市市场；第三步，进入北上广的大市场，稳步布局全中国市场。

当然，由于褚时健夫妇年事已高，不可能去市场一线工作，褚橙的营销工作主要由外孙女圆圆和外孙女婿李亚鑫负责，褚时健对于销售工作只是问问"我们的利润是多少？经销商赚了多少钱？这个星期卖掉多少吨"。企业有利润，经销商有钱赚，就是最朴素的双赢模式，经营企业，把这两项搞明白了，自然会有销量。

经过2009年、2010年、2011年三年的努力，褚橙在云南地区的销量逐年上升，2011年已经占据云南80%的橙子市场，褚橙稳稳地赢得了云南地区的市场。

褚时健的战略眼光当然不止于当下，他经常挂在嘴边的一句话是"急哪样？"让更多地方的人"吃到褚时健种的橙子"才是他的美好愿望。

李亚鑫开拓成都市场的办法是体验营销——让成都市民在选定的水果

店免费试吃褚橙，用口感和品质赢得消费者的"胃"，成都市场打开后，在当地建立中转仓库，对不同级别的经销商确定不同的进货量，签订销售合同，由分仓直接发货到店面。

褚橙在成都市场2012年的销售量为120吨，2013年为430吨，2014年达730吨，成都市场顺利打开后，褚橙的品牌和口碑开始慢慢地传了出去。一次，一家大型国际超市打算经销褚橙，但褚时健的回答是"放弃"，原因很简单，对方给了一本几乎有字典那样厚的合同，而且审批流程很复杂，账期也很长，结账也特别拖沓，褚时健说："他们已经僵化了。为什么现在很多西方国家发展不起来，就是体制老化、僵化了，做生意难道不是一件很简单的事情吗？"他对这些企业的繁琐流程很不理解。

接下来是进军北上广大市场，北上广市场一打开，有了其辐射力量助力，开拓全国市场就会势如破竹一蹴而就。如何打开这些大市场呢？没错，就是电商，借助互联网。2012年，一家叫作"本来生活"的电商网站找到褚时健，他们发现了褚橙的巨大商机。

卖商品的最高境界就是卖故事，褚橙背后的褚时健，其人生故事天然且传奇，不需要包装也不需要策划，原汁原味地推出来就具备轰动效应。

媒体人出身的电商喻华峰为褚橙拟定的广告语让人过目不忘："人生总有起落，精神终可传承（橙）"。在价格上，褚时健的意思是：我们种橙子花了大心血，价格要体现它的高品质，不能比国外橙子卖便宜了；但价格也不要太高，不然大众消费不起。在北京市场经过调研，特级果定价5公斤148元，一级果5公斤128元。喻华峰一次进货20吨，5分钟就卖出800箱，服务器一度宕机，褚橙销售异常火爆，北京市场一炮打响，褚橙一举占领了全国市场的制高点。

王石这样评价他："褚时健是中国当下社会难得的有着匠人精神的企

业家，是触到人生低点后的强势反弹力。"古稀之年创业、耄耋之年成功的例子实在太励志了。因为互联网，褚橙名扬天下。后来，褚时健创建的金泰公司又成立了云南实建电子商务公司，在"互联网+"上做足文章，2014年，褚橙登陆阿里巴巴天猫平台，全国各地的消费者通过互联网都可以买到褚橙了。

2015年，褚橙销量突破1万吨大关，当年国内本土产橙子总销量在四五百万吨，褚橙俨然成了"中国橙子第一品牌"。褚橙的销量自2007年挂果到2015年，从未遇到过果农们常说的"大小年"，产量连续8年逐年攀升，褚时健仿佛长了一双"绿手指"，橙树在他手里点石成金。但褚时健并不这么认为，他说："那是因为我们的果树是从幼苗成长起来的，长大一岁挂果就多一些，和大小年没关系。"褚时健计划不断扩大种植基地，从老基地的2400亩向外拓展，2015年已经扩展到7000亩，同时，他还在邻近的20000亩果园一步步构建他的农业江山。褚时健预计，最迟2020年，褚橙的年产量将达到6万吨。

从2002年至2016年，14年间，褚时健从75岁到89岁，主要做了一件事，就是种出了全国最具品牌价值的橙子。褚橙最高亩产4吨～5吨，超过了先进的柑橘种植国家美国和澳大利亚。

褚时健的贡献也许不止于此，在他种植橙子之前，中国的水果种植基本上还是传统的散户种植模式，自然经济痕迹比较浓，而褚橙在现行条件下实现了小型规模化的水果种植模式。年近九旬的褚时健在果树的标准化生产上不断地探索，从而实现橙子的标准化生产，让褚橙做到可溯源，品质安全稳定。

褚时健的人生充满传奇色彩，以前人们说他卖香烟成功是因为有国家垄断政策，不算什么真本事，他一笑而过。在人生事业第一个顶峰时遭遇牢狱之灾和老年丧子之时，他也痛苦地挣扎过，但最终熬了过来。他在商海奋斗了半个多世纪，经历的无数曲折让人眼花缭乱。无数惊涛骇浪使他变得更加苍劲如古松，岁月磨砺，初心不改。古稀之年，大地之子褚时健俯下身子，从哀牢山的山川土地中寻找希望，用毅力和智慧再次实现了自己的梦想，也收获了巨额的财富。认真做事、坚持品质和共赢的经营原则超越了时代的变迁，一位耄耋老人向世人证实了真正的企业家在任何时代、任何环境、任何体制下都可以取得成功，褚时健做到了。

褚时健这样的创业故事在世界的企业经营史上也绝对罕见，褚时健用时间、汗水、品质和顽强拼搏的开拓精神让人们看到了什么是中国当代的企业家精神。

▶ **思考：**

1. 褚时健为什么能够再次创业成功？

2. 什么是当代的企业家精神？

3. 褚时健古稀创业、耄耋成功给我们什么启示？

第三章

创业者开创市场的大智慧

管理大师彼得·德鲁克有一句经典的名言："企业的唯一目的就是创造顾客。"企业离开了客户，什么都不是。原风帆股份公司董事长王保祥讲过无数次："客户是我们的衣食父母，我们必须像对待父母一样对待客户。"客户太重要了，开拓市场是每一个创业者的必修课，太多杰出的企业家都是从营销开始的，任正非、柳传志、马云、马化腾、史玉柱、李东升，等等，他们的营销大智慧主要体现在哪些方面呢？

一、开创市场，先从基层往上"攻"，星星之火可以燎原

1988年，任正非从部队转业到深圳南油集团后，因所在下属企业连续亏损，在解决生活压力和创出一片新天地以双重动力下，43的任正非创办了华为公司，华为作为民营企业，名不见经传，创业伊始步履维艰，有的创业伙伴和员工开始怀疑华为能否干下去。任正非对大家讲，虽然华为很弱小，但只要华为这点火星不灭，一定能够从县级市场拓展至全国、全球

市场。星星之火，可以燎原，华为只要拥有星星之火，就一定能够崛起。

改革开放之初，谁都没有经验，邓小平于20世纪80年代初提出要开办经济特区，把深圳作为市场经济的试验田，取得一定效果后再在全国推广，这正是以深圳特区的星星之火"燎"全国市场经济之原，华为的星星之火也随着深圳特区的星星之火"燎"遍了天下之原。

无论是带队伍打仗还是改革开放搞市场经济，星火燎原的道理是一样的。对于资金、技术、人才等相对不足的中国企业尤其是民营企业来说，无论在国内还是在国际市场上与强势企业竞争，无疑都处于劣势，但星火燎原的战略规律此时便具有启迪作用。

首先，大浪淘沙，适者生存。相对弱小的企业要想在被大企业集团瓜分的市场围困中突出重围，必须先生存下来，站稳脚跟才谈得上今后的发展，才能够为实现企业的进攻赢得机会。例如伊利集团目前已成为国内乳制品行业的龙头企业，然而在20世纪80年代，内蒙古伊利只是一家利税几万元的街道小厂。当时，"海拉尔"牌雪糕在东北市场大卖特卖，如日中天独占鳌头，伊利只是名不见经传的众多小企业之一，主要生产几个规格的乳制品。为了进一步发展壮大，伊利根据协定从海拉尔乳品厂有偿引进技术，优化配方，很快研发出了"海拉尔伊利"雪糕。

之后，借助"海拉尔"的名气，伊利首先牢牢地站稳脚跟，奠定了坚实的市场基础，然后及时开拓并占领了呼和浩特市场，并打出广告"伊利就是伊利，谁也无法替代"，稳步提高企业的知名度。此后，随着市场占有率的逐步提升，雪糕包装纸上的"海拉尔"字样越来越小，而红色的"伊利"标志越来越大，再后来干脆把"海拉尔"换掉了，"海拉尔"雪糕逐渐被伊利取而代之。

其次，建立模板市场，集中确立区域市场领先地位。尤其是对于人力、物力、财力等力量有限的企业，要想在竞争中立足并生存下来，站稳脚跟后再图发展，企业就要为自己建立一个"根据地"，在众多竞争者中打出一片属于自己的市场空间，并夯实市场，牢固树立本企业的知名度和美誉度，培育大批忠诚客户，并全力以赴为他们服好务。

比如，脑白金在今天的保健品市场上已经成为"常青树型"产品，怔是其于1998年5月刚问世时，史玉柱只不过是一个"倒下"的巨人，负债累累。有一次，史玉柱做客央视《对话》栏目，主持人陈伟鸿问他："在你经营惨败最苦闷的时候是怎么样度过那段难熬的日子的？"史玉柱说，他每天很早起床，开着一辆破吉普到上海的郊外读书，读毛泽东的著作，尤其是第五次反围剿失败后毛泽东是怎样带队伍的。《星星之火，可以燎原》这篇文章对史玉柱的启发最大，他对这篇文章几乎倒背如流，它给"倒下的巨人"带来了无限的灵感。

当时的情况是，好产品已经研发出来了，它就是火种，是星星之火，怎样以脑白金这个星星之火燎全国市场之原呢？战略方法就是先开发一个样板市场，再开辟出一个属于自己的根据地。

史玉柱用借来的50万元现金定位于江苏江阴县这样一个县城作为预备精耕细作的市场根据地来开发。首先用10万元打广告，电视、路牌、POP等各种媒体进行密集的广告轰炸，很快产生了强烈的市场效应，江阴人对脑白金这个深褐色的小瓶子产生了强烈的好奇心，这时史玉柱适时推出百姓试用等营销体验活动，库存产品不到一周便销售一空。脑白金在江阴取得巨大成功之后，史玉柱很快启动了无锡等城市市场，攻城拔地，大获成功，随后乘胜追击，大举进军江苏、上海、浙江等省级市场，此后又用了一年的时间顺利开发了全国市场。使脑白金成为全国性的强势品牌。

一个企业无论今天面临着怎样的困境都应该牢记，"一个企业无论如何弱小，都不至于弱小到不能参与竞争。一个企业无论多么强大，都不至于强大到不能被挑战，只是时机不成熟而已。"对于尚处在起步阶段和面临困境的企业而言，企业唯有生存在先，站稳脚跟，夯实"根据地市场"，才能与其他企业展开竞争，并通过科学合理的管理和营销策略，以今日之星星之火，引燃明日的燎原之势。

二、市场调查要先行，没有调查就没有发言权

创业闯市场如果"闭门造车"，不能进行深入的市场调研，不能真正洞察消费者的真实需求和消费偏好，这样的管理者就是在"盲人摸象"。

《孙子兵法》中有名言："知己知彼，百战不殆；不知彼而知己，一胜一负；不知彼，不知己，每战必殆。"1930年5月，毛泽东为了反对当时存在的教条主义思想，专门写了《反对本本主义》一文，提出："没有调查，没有发言权"的著名论断。他指出："你对某个问题没有调查，就停止你对某个问题的发言权。"

1931年，毛泽东又进一步提出"没有调查就没有发言权，不做正确的调查同样没有发言权"。不细致调查就会脱离实际，脱离实际就会阻隔信息，阻隔信息则会带来错误的后果。对于企业来说，什么最重要？客户永远最重要，内行的企业领导者非常清楚——市场无大小。在商战中，企业经营者如果对市场的情况掌握得不够详细，迟早会被市场所抛弃，退出行业竞争之列，眼巴巴地看着别人竞争，而无自己的份。

毛泽东经常以《水浒传》中"三打祝家庄"的故事说明调查研究的重要性。为什么前两次攻打祝家庄都失败而归、梁山头领晁盖在战斗中中箭不治死去？主要原因就是梁山好汉们只顾埋头进攻，如果不是华荣用神箭射掉信号红灯笼，很可能全军覆没。他们前两次的失败在于调查研究不够

深入，对祝家庄的实际情况了解不多，采取的方法不对，所以才会伤人伤力，后来宋江派石秀去一探究竟，深入侦查，摸清了盘陀的秘密，打散了祝家庄和李家庄、扈家庄的联盟，孙立里应外合，终于打下了祝家庄。这一切说明一个道理，"磨刀不误砍柴工"，磨刀可比作是调查研究，砍柴可比作方案实施。

"没有调查就没有发言权"，"不做正确的调查同样没有发言权"，一些国际跨国公司也在践行这一普遍真理。20世纪40年代美国通用汽车战胜福特汽车，主要归功于通用总裁阿尔福雷德·斯隆的企业制度，通用成功的另一主要原因是斯隆开创了一种新的商业模式——以客户需求为导向的商业模式。

斯隆加盟通用时，是以为通用汽车配套提供轴承部件的轴承厂厂长身份进入公司管理层的。不久，他很快发现不管是小老板的眼前视野还是大老板的清高臆断、目空一切，都很难适应结构复杂的汽车产业的管理要求，很难引领汽车产业走上健康发展的现代科学轨道。后来，斯隆在高级咨询顾问、日后成为管理大师的彼得·德鲁克的启发下，用职业的眼光看待市场。通过对美国市场各个层面的顾客需求进行详细的调查和研究后，斯隆设计出不同价位的汽车。他的商业哲学是"为每一个钱包和每一种用途生产出高质量而且实用的汽车"。同时，斯隆非常重视同经销商的密切联系，定期拜访当地的经销商，了解各地的市场状况，广泛收集全美各地的需求信息，对这些信息进行认真研究，针对每个问题制定适应的解决方案。斯隆通过以深入市场进行调查研究、以客户需求为导向的经营思路，为通用汽车在全世界各国赢得了发言权。

当前，中国有许多企业尤其是民营企业，在创业之初靠着老板的个人能力和胆魄很快打开了局面，订单不断，财源广进，因此许多小老板习惯了"眉头一皱，计上心来"的拍脑门、一言堂式的市场管理模式，企业发展到一定规模后这种做法显然是不科学的。当今中国的改革已进入深水区，商海中充满急流险滩，市场空前复杂，市场竞争日益激烈。如果不进行详细的市场调研，没弄清市场的真实情况而盲目制定营销策略、进行市场定位，无异于"盲人骑瞎马，夜半临深渊"。目标明确、定位准确、规避风险的方法就是经常性地进行市场调研，把握市场脉搏，熟知市场体温。

三、好钢用在刀刃上，集中资源"轰"开市场，集中优势兵力打歼灭战

《孙子兵法·虚实篇》指出："故形人而我无形，则我专而敌分；我专为一，敌分为十，是以十攻其一也，则我众而敌寡，能以众击寡者，则吾之所与战者，约矣。"

"集中优势兵力，打歼灭战；伤其十指，不如断其一指，伤十指可痊愈，断一指永无再生之可能。击溃敌十个师，不如歼灭敌一个师。"毛泽东也强调在战略上应藐视困难，战术上重视困难；战略上以弱胜强，战术上以多胜少，战略上以一当十，战术上以十当一。

关于"集中绝对优势兵力，各个歼灭敌人"的战术，毛泽东具体指出：在战役的部署方面，当敌人许多个旅团分几路向我军进攻的时候，我军必须集中绝对优势的兵力，即集中四倍、五倍或六倍于敌人的兵力，至少也要有三倍于敌人的兵力，于适当时机首先包围歼击敌军一个较弱的旅团，或是较少援助的，选择一个点，而不是两个点，我军以较少兵力牵制敌军其他各旅团，使其不能增援被我军围击的部队。胜利后继续扩大战果，再依据情况歼灭其他旅团。

　　巨人集团因巨人大厦事件轰然倒塌后，史玉柱在极度苦闷和彷徨之际偶然读到毛泽东的著作，深深地被毛泽东思想之深邃所折服，面对记者采访，史玉柱表示，如果早悟透毛泽东关于"集中优势兵力打歼灭战"的战争智慧与谋略，就不会将资金投向数十个行业，最后导致资金链断裂的境地。痛定思痛，史玉柱二次创业时充分运用"集中优势兵力，打歼灭战，各个歼灭敌人"的战术，聚焦于江阴这一个市场，最终脑白金在市场上一举成名。

　　杭州万向集团的创始人鲁冠球被认为是中国民营企业家中常青树的代表，在前期企业起步阶段，鲁冠球从手工做起，几乎将全部资金、技术、人力等资源聚焦于万向节的研发、生产、制造，致力于做全世界最好的万向节，万向集团成为第一个为美国通用汽车配套生产的中国企业。之后万向迅速扩大战果，全面向汽车零部件行业进军，今天的万向已成为世界上万向节专利最多、规模最大的汽车零部件专业制造企业。

　　西方跨国公司成功运用的聚焦竞争策略与毛泽东"集中优势兵力"的战争原则如出一辙。IBM的发展历史就是不断聚焦的发展史，但是IBM在20世纪早期创建时却不是以生产计算机为主营产品的，随着社会科技的发展，尤其是在第二次世界大战期间，IBM作为军工企业为军队提供军用器材，包括MI卡宾枪、勃朗宁自动步枪。二战后，IBM敏锐地预测，将来的社会海量信息、庞大的数据等复杂业务都需要高速计算机才能完成，于是将公司今后的发展方向聚焦于大型计算机的研发上，取得巨大的成功，打败了包括通用汽车这样的行业巨头，成为世界计算机行业的翘楚。之后，IBM又集中精力研发PC，同样抢先一步成为PC行业的龙头企业，20世纪90年代，PC业务出现亏损，2002年IBM收购了一家咨询公司，将发展重点由硬件转向软件和服务；2004年，IBM将其PC业务出售给了中国的联想集团；今天的IBM已成为全球最大的咨询公司。

综上所述，"集中优势兵力，打歼灭战"的战争原则运用在企业经营中，体现为资源不足的中小企业不能把有限的资源像"散弹猎枪"一样八面开花，必须像狙击步枪聚焦于一个点一样，毕其功于一役。

四、开创事业既要乐观也要理性，战略上藐视敌人，战术上重视敌人

企业创办者必须在总体上、全局上、战略上轻视对手，如果我们在总体上过高估计对手的力量，就会不敢和他们竞争了；但我们又绝不可在每一个局部上、每一个具体问题上也轻视对手，在具体研究、具体解决问题的方法和措施的战术上必须重视对手。

当今中国的汽车市场基本被跨国汽车巨头瓜分。许多企业界人士妄自菲薄，惧怕跨国企业，自矮三分，不情愿详细研究西方成功企业，浅尝辄止。面对强大的对手，我们应自信的提高自己的势头。《孙子兵法·兵势篇》讲道："故善战者，求之于势，不责于人，故能择人而任势。"毛泽东也说过："我们的战略是以一当十，我们的战术是以十当一。"这是红军胜敌人的根本原则之一。"战略上藐视敌人，战术上重视敌人"战术就是要求我们既不能目空一切，马虎大意，又不能妄自菲薄，长敌人威风。

"战略上藐视敌人，战术上重视敌人"的辩证原理对企业经营管理同样具有重要的指导意义。企业战略涉及的是企业全局的、宏观的、方向的目标、未来的大是大非的问题，战术则涉及如何实现战略内容，需要从细节入手通过有效的方法、措施执行战略方针政策。

今天流行的大数据分析正是基于对数以亿计的数据信息，用专业软件工具进行整理、分析，得出一个个结果。一个个看似微不足道的小小细节

在影响着世界，这些细节左右着世界的前进方向。

总之，"战略上藐视敌人"告诉我们一切竞争对手都是"纸老虎"，我们制定战略目标时应充满信心，豪情满怀；"战术上重视敌人"告诉我们"一切竞争都是真老虎"，如果企业找不到有效地解决问题的办法，最终就会被"真老虎"吃掉，退出市场舞台。

五、创业之初，不和对手"死拼"，敌进我退，在战争中学习战争

《孙子兵法·九变篇》有云："（途）有所不由，军有所不击，城有所不攻，地有所不争，君命有所不受。"

在反围剿斗争中，红军采取灵活机动的战略战术，打退了武装到牙齿的国民党军队，经过前四次反围剿的失败，相对弱小的红军与数倍于己的国民党军队硬碰硬地正面作战，结果损失惨重，导致第五次反围剿失败，1934年10月，中央红军主力被迫突围，开始长征。

"敌进我退，敌驻我扰，敌疲我打，敌退我追""固定区域的割据，用波浪式的推进政策，敌追我追，用盘旋式的打圈子政策"，由于正确运用了攻击战争理论的指导，中国共产党在井冈山周边建立起许多红色根据地，而国民党却只能眼巴巴地看着，如无头苍蝇般被红军调来调去，处处被动。

我国目前五千多万家民营经济体大部分为中小规模经营，如果他们硬碰硬地和实力更强大、根基深厚的大企业直接竞争，正面作战，如大企业打价格战，中小企业也跟着并价格，大企业上央视争"标王"大做广告，中小企业也打肿脸充胖子大肆宣传，大企业大把花钱搞促销，中小企业也当仁不让地想"与狼共舞"一场，这样盲目的经营方法会使本来弱小的企

业更加负债累累，最终资金链断裂，企业走向崩溃，信誉扫地。

中小企业在创业初期可以借鉴毛泽东从战争实践中用鲜血换来的游击战理论思想：既要弘扬毫无畏惧、英勇战斗的精神，又要讲究策略，不可一味硬拼，应采用灵活多变的战争策略，尤其是当自己的力量不及强敌时，更要考虑保存主力、保留住火种，以待时机再成燎原之势。

在全国的越野车行业，长城汽车连续多年销量第一。但是在20世纪80年代长城汽车公司创建之初时也走过一些弯路。长城汽车创始人魏氏家族当年豪情满怀，想直接进军技术要求较高的轿车行业，生产小型汽车和国内其他几家轿车生产厂家直接竞争，但很快因为在技术质量、品牌、价格等方面力不能支，败下阵来。痛定思痛，魏氏家族调整经营思路，采用灵活多变的方式避开大型车企的锋芒，转向生产主流车企看不上的皮卡市场，生产长城皮卡汽车。由于长城皮卡驾驶舒适，还能拉货，很快占领了全国大部分市场，成为皮卡老大。后来，随着人们追求集高端、大气、时尚形象感于一身的越野车出游的需求，长城适时研发出了性价比较高的十几款SUV越野车，受到众多SUV车友的热捧。长城的成功主要归功于长城汽车创始人魏建军低调智慧灵活的经营理念。魏建军的叔叔魏得良1989年遭遇车祸丧生，时年26岁的魏建军担任起长城汽车的掌门人，从不张扬的魏建军对毛泽东的战略战术情有独钟，并且将其思想运用得炉火纯青。长城集团早已从"地头蛇"型企业发展为"蛟龙型"的企业航母，向公海驶去。

在当今充满无限机遇的时代大潮中，每个企业都有机会成为"地头蛇"企业，进而升级为"蛟龙型"企业航母。当今市场，没有哪一家企业强大到不能被挑战，也没有哪一家企业弱小到不能够参加竞争。在战争中学习战争，在改革中学习经营，社会实践也是学习，理论、思想应从实践中来，再到实践中去。

在战争中学习战争的根本目的就是把握住战争的规律，在经营中学习经营的根本目的是把握住经营企业的规律，学习的目的是对规律进行更好的总结。杰出的企业家之所以能够把企业经营规律运用得出神入化，都是熟练掌握经营规律的结果，毕竟万事万物都是有规律可循的。

在企业经营中同样有规律可循。经营难免失误，但绝不能犯致命的错误，风帆集团营销公司总经理王建军在谈到经营时说道："经营要少失误，至少要比对手少失误。摸清规律，市场就好做了。"商场如战场，经营者要在战争中学习战争，在竞争中学会竞争，杰克·韦尔奇说："经营就是一场游戏，摸清有限的规则就可以赢得这场游戏。"在战争中学习战争，目的正在于摸清战争的规律。

六、企业规划放长远，执行规划要善变；战略思想要长久，战术思想要善变

把战略刻在岩石上，把战术写在沙滩上。抓住问题的主要矛盾，其他问题就迎刃而解。《孙子兵法·兵势篇》有曰："凡战者，以正合，以奇胜。故善出奇者，无穷如天地，不竭如江河。""以正名"对应战略思想的长久性，"以奇胜"对应战术思想的常变性。战略是根本，做企业规划要总揽全局，不可妄动，妄动则根基不稳；战术是枝叶，迎风招展，执行计划要因势利导，因地制宜，到什么山上唱什么歌，不可思想僵化，一条道走到黑。

为什么战略思想具有长久性？为什么要坚持战略思想？在井冈山期间，红军的兵力和装备远不如敌人，毛泽东和朱德等人于是创造了一套具有中国特色的人民战争的战略战术，在一次一次反围剿斗争的磨炼中，毛

泽东关于人民战争的战略思想逐步形成，并确立了符合当时客观条件的游击战基本原则，即"分兵以发动群众，集中以应付敌人，固定区域割据，波浪式的推进，强敌跟进，盘旋式打圈子"。在具体战役中，将游击战和游击性运动战相结合，广泛而灵活地采用袭击战、伏击战、破袭战、围困战、地雷战、地道战、麻雀战等作战方法打击和消灭敌人，使游击战的基本原则和人民战争的战略思想得到了广泛的传播和发展。

在令人眼花缭乱的市场经济大潮中，企业经营者们的经营战略必须保持相对稳定。规模再大也吃不下整个社会产业链，尤其是根基浅的企业，往往无法与巨无霸型跨国公司抗衡。对他们而言，正确的战略选择是：截取产业链上的某一点，把它做强做实。例如史玉柱的巨人集团创建初期，脑黄金热销为巨人带来滚滚的现金流，它的战略选择是进入包括服务业、地产业等几十个行业，最终深陷泥潭。痛定思痛，史玉柱牢牢地锁定保健市场，脑白金一炮打响。

在企业经营战略方面，联想的"技工贸"和"贸工技"之争至今仍不绝于耳。但联想的成功有目共睹，所谓"技工贸"，就是技术优先，要占领技术制高点，打造自己的核心技术。柳传志说联想采取"贸工技"的经营战略是基于当时的客观环境，向技术的核心领域进军，没有雄厚的资金是不可能有所突破的。

毛泽东的不朽名篇《矛盾论》强调：在矛盾为特殊性问题时，必须要抓住主要矛盾和矛盾的主要方面。在复杂问题的发展过程中，有许多矛盾存在，其中必有一种是主要矛盾，起着领导、决定的作用，它的存在和发展影响其他矛盾的存在和发展，必须全力去发现和抓住这个主要矛盾，其他矛盾就迎刃而解了。联想发展到1998年，海外企业大踏步进入中国市场，企业面对的主要矛盾转为对市场战略的争取。总之，战略思想与战术思想的主要矛盾是每一位企业管理者应重点考虑的问题，它影响着企业的今天，更影响着企业的未来。

七、创业者心中应时刻想着为客户创造价值，团结客户

《孙子兵法·计篇》曰："道者，令民与上同意也，故可（以）与之死，可（以）与之生，而不畏危。"团结就是力量，民众的支持是制胜的法宝。毛泽东说，要"团结一切可以团结的力量"，对我们来说，团结的人越多，敌人就会越少，朋友越多越好，敌人越少越好。客户的支持是企业家创业制胜的法宝。对创业者来说，你的客户越多，对手的客户就越少。

毛泽东非常重视和群众的沟通，而且是用心地沟通。他主动提出：文艺是为人民大众服务的，文艺创作也要从群众中来，到群众中去，人民群众的生活是文学艺术取之不尽、用之不竭的源泉。

在企业经营中，要做好营销工作，也必须做到"从客户中来，到客户中去"，以客户为中心。不管企业规模有多大，客户始终为大，我们必须真诚地通过和客户交朋友，客户才能向你敞开心扉，企业才能和客户心连心。原风帆集团董事长、全国人大代表王保祥每次出差都会到当地的风帆经销商（风帆在全国有近十万家终端零售商）处去拜访客户，同客户沟通，倾听客户的意见并认真记录，回公司后指定各部门及时解决。笔者在过去多年的市场工作经验中发现一个规律：凡是真心和客户交朋友的企业老总，其企业管理尤其是营销方面往往做得非常好。凡是对客户虚情假意甚至讨厌客户的企业老总，企业经营都好不到哪儿去。

创业型企业就是要团结一切和企业经营发生业务关联的组织和个人，主要包括客户、供应商、政府职能部门等，才能树立良好的企业形象和社

会口碑。

八、创业之初的普遍真理——"农村包围城市"

占据世界500强首位多年的沃尔玛在创业之初，把市场开发重点放在相对偏远的小城镇发展连锁店，服务的客户目标是中底层收入消费者，在全美国人口五万人以下的小城镇开设上千家连锁店后，后来逐步进入纽约、洛杉矶等大城市，沃尔玛创始人山姆·沃顿先生正是采用"先开发农村、小城镇市场，后进入大城市市场"的营销战略，成功构建了沃尔玛的商业帝国。

红军的"农村包围城市"的战略方针体现了"不打无把握之仗"的作战铁律。当时红军的力量是无法同国民党军队抗衡的，红军直接进攻大城市无异于羊入狼群。在敌我双方实力悬殊的情况下，实力弱的一方必须"避实就虚，到敌人力量薄弱的地方去"才是明智之举。

毛泽东撰写的"农村包围城市"的战略创新让"不打无把握之仗，不打无准备之仗"成为作战原则，共产党领导的革命队伍得以在广阔的农村天地一天天发展壮大。表面上看，八路军、解放军在当时的农村环境下发展，军队可能不如国民党部队整齐、装备不如敌人精良，而实质上共产党的军队在农村广袤的土地上纵横奔袭、南征北战、日行百里，锻炼了部队，生成了一支铁军。

在企业经营中，众多弱小的民营企业根本无法与实力雄厚、规模庞大的行业大企业竞争，用小舢板对抗航空母舰，对抗结果是小舢板粉身碎骨，葬身大海。走"农村包围城市"之路，是从大企业的薄弱环节做起，比如先到三线城市以下的区域开拓市场，建立销售渠道。希望集团在20世纪80年代创业之初，跨国公司正大集团占领着中国饲料的主流市场，刚刚建立的希望集团很清楚，此时不可与之争锋。刘家四兄弟靠肩扛背驮、翻山越岭地给偏远的农户送货，以遍布农村偏远客户的星星之火几年后在云贵川的广阔市场形成燎原之势，最终占领全国市场。

力帆汽车2005年诞生之初也是采取了"农村包围城市"的市场推进营销战略。尹明善说："力帆汽车目前还很年轻，有许多需要改善的地方，这时，我们要把目标放在二、三线城市，在这些城市建立4S店，最多三、五年时间，我们就要向一线城市进军；力帆汽车进一步成熟、技术更先进、车型更丰富时，我们再敲锣打鼓、浩浩荡荡进入首都北京。"经过近十年的不懈努力和执着追求，今天的力帆汽车已经在全国各地建立了自己的经销网络，成为民营汽车企业中的一朵奇葩。

没有准备好，时机又未到，此时不要打无把握之仗。回溯到三千年前，姜太公的《六韬·武韬·发启》开篇记载：文王在丰召太公，曰："呜呼！商王虐极，罪杀不辜。公尚助予忧民，如何？"太公曰："王其修德，以下贤惠民，以观天道。天道无殃，不可先倡；人道无灾，不可先谋。必见天殃，又见人灾，乃可以谋。"

姜太公中青年时在商朝为官，目睹了纣王的荒淫残暴，愤而离开，隐居于渭水之滨。他深知，商朝已历经600年，根基太深，一时很难推翻。渭水之畔，一江一叟一杆，姜太公钓鱼自乐，静观时局之变，最终钓来了周文王这条大鱼，此后姜太公辅佐文王、武王，秣兵历马，时机一到，牧野开战，600年基业的商王朝瞬间土崩瓦解，纣王自焚于摘星楼。姜太公是"不打无准备之仗"的鼻祖，为了牧野这一战足足准备了30年。

许多杰出的企业家都熟读兵书，《太公兵法》《孙子兵法》早已烂熟于心，运用得出神入化。在这方面TCL海外扩张的得与失值得每一位商界朋友借鉴。从2002年起，TCL集团先后并购了德国施耐德公司、法国汤姆逊公司的手机业务，由于缺乏海外并购经验和准备不足，连续并购使TCL逐步陷入泥潭。尤其是受汤姆逊公司彩电业务合资并购的拖累，直到2011年TCL还没能从巨额赔偿的漩涡中摆脱出来。

而联想收购控股IBM个人电脑业务目前看已经取得了阶段性成功。其实早在2004年12月签署收购协议前的几年间，柳传志一直在酝酿海外扩张计划，首选的并购目标就是IBM，经过详细缜密的准备和调查，联想摸清了IBM个人电脑的内部家底和市场底牌，最终以12.5亿美元成功收购了IBM的PC业务。

农村包围城市战略告诉我们，企业在初创阶段进入一个完全陌生的市场必须从最基层市场起步，切不可一上来就找"大个儿"宣战，应在强大自己的过程中等待时机，不打无把握之仗，否则可能把老本都赔进去，很难有翻身之路。

▶案例链接：

小米的市场崛起和营销风云录

小米是运用互联网推动企业成功的制造业杰出代表，通过互联网，小米取得了数千万"米粉"的青睐和忠诚，有人说小米卖的不是手机，而是"参与感"。今天许多人爱宅在家中，最需要的是"参与"。通过售卖参与感，小米从星星之火起步，迅速在线上线下燃起了燎原之势。

小米公司以"工匠精神"做产品，以"互联网精神"卖产品。谁抓住了网络营销，谁就抢占了市场先机。

小米手机的创始人雷军的职业生涯始于1992年。那一年他从武汉大学毕业，加入了软件企业金山公司。金山当时只有五六名员工，目前已增长至三千多人。金山于2007年在香港进行了IPO。

金山公司上市之后，雷军转型为一名全职的天使投资人，投资了二十多家创业公司，通过天使投资的经历，雷军熟悉了更多中国本地和国际投资者，对他后来创立小米公司有很大帮助。

雷军创立小米的灵感来自苹果公司。雷军非常崇拜乔布斯，他认为乔布斯定义了整个世界使用手机和移动互联网的方式。雷军认为，针对中国市场开发一款智能手机存在机会，很多人想"吃"苹果却吃不起，小米可以在营销策略上模仿苹果。

在小米手机营销推介会宏大的会场上，巨幅背投显示屏前没有主持人、没有表演者，只有董事长兼CEO雷军一个半小时的演讲。当所有的镁光灯聚焦于身着黑色T恤和牛仔裤的演讲者时，在场者都感慨，小米的手机发布会完全是乔布斯推介苹果新产品的中国版。

结果，小米手机的这种偷师乔布斯的做法取得了很大的成功。尽管雷军放低姿态，强调其偶像乔布斯是不可超越的"神"，但有意无意间小米手机已将苹果iPhone树立为对标对象，从国内难得一见的豪华团队、几乎和苹果雷同的供应商、仿苹果的简洁风格演讲PPT，甚至雷军在小米手机发布会上黑T恤牛仔裤的穿着都形成了强烈的心理暗示。

然而，小米的成功绝不仅仅是靠模仿苹果、模仿乔布斯。

小米手机凭什么成功？对此，小米公司内部与公司外部总结出了很多经验，总的说来包括两个层面：一是极致的产品体验，其实现手段是"铁人三项"，即雷军所说的"软件+硬件+互联网"；二是互联网驱动，包括营销互联网化、渠道互联网化、供应链管理互联网化，雷军对其的总结是"专注、极致、口碑、快"。小米手机联合创始人、副总裁黎万强说小米绝不只是营销的成功，同时小米的营销也不是外界所理解的营销如发微博、转微信等简单动作，而是有一整套互联网逻辑的驱动。小米的秘诀是什么？黎万强的答案是：第一是参与感；第二是参与感；第三还是参与感。从产品开发到营销再到服务，用户全程参与。

在雷军的重压下，黎万强开始带领团队泡论坛、灌水、发广告，寻找资深用户。黎万强从最初的1000个人中选出100个作为超级用户，让他们参与MIUI的设计、研发、反馈。这100人成为MIUI操作系统的"星星之火"，也是最初的"米粉"。

2010年，微博开始流行，"粉丝"的阵地也顺理成章地从论坛向微博覆盖。在小米论坛上，"米粉"参与调研、产品开发、测试、传播、营销、公关等多个环节。除了线上活动外，还有更为强大的线下活动平台，就是"同城会"。小米官方每两周会在不同的城市举办"小米同城会"，在论坛上登出宣传帖后用户报名参加，每次活动邀请30~50个用户到现场与工程师做当面交流。黎万强说，"米粉"文化有些类似车友会，"米粉"都是因小米手机而聚在一起，在线上讨论，在线下组织活动，甚至做公益事业。

小米非常擅长微博营销，微博的强传播性适合在大范围人群中做快速感染、传播，获取新的用户；论坛适合沉淀、持续维护式的内容运营，保持已有用户的活跃度；微信则是一个超级客服平台。从这种意义上来说，小米卖的不是手机，卖的是参与感，也就是参与式营销模式，满足了消费者"我的手机我做主"的心智诉求。

2014年2月18日连战访问北京，北京市委书记郭金龙在会见连战率领的台湾各界人士访问团时，将两部后壳上印着"两岸联手赚世界的钱"这句话的定制版红米手机亲自交到了连战的手中。一款手机何以会被选中成为象征两座城市友谊的礼物呢？小米科技总裁林斌说："这款手机的设计、品牌和营销团队来自大陆，高端制造在台湾，它是两地高新技术合作的结晶，我想这是它被选中的原因。"

但时至今日，小米智能手机的市场现状并不容乐观，可谓是"成也萧何，败也萧何"。利用互联网，小米打造出了手机的成本优势，创新的社交营销和维护"粉丝"用户，以及打造了本土化的安卓ROM等因素促使小米取得了成功。但过度依赖互联网也给小米未来的发展带来了隐患，小米的线下渠道几乎不存在，极少涉足传统营销，供应链受限，产品定位升级问题明显。

从2016年开始，小米开始了令人难以置信的滑落。通过小米5的市场表现可以窥一斑而知全豹。小米5的难产伴随整个2015年，与小米5难产同时出现的是小米业绩的下滑。

2016年第一季度中国市场智能手机出货量及市场占有率显示，小米公司以920万部的出货量位居第五，同比下跌32%。而第二季度小米的智能手机出货总量为1050万部，较上年同期的1710万部暴跌38%，被踢出前五。相比之下，华为、OPPO、VIVO都有不同程度地上升，从这半年的表现来看，小米公司是走了下坡路。

为完善营销策略，小米开始在线下发力，要从线上走到线下。2016年开始，小米线下店面的建设开始提速，2016年开了50～60家线下店。按照雷军的计划，3～4年内将在全国建1000家自营的小米之家，每家店的面积不超过250平方米。此外，小米还跟运营商、苏宁、国美合作，合作的线下店面也快速开展。

小米在这方面并没有任何优势，至于发力线下，肯定要直面OPPO和VIVO等同类国产手机制造商的挑战，能否取得成功尚未可知。小米要再回巅峰时代，难度之大可想而知。

从某种意义上来说，今天的小米已经不仅仅是"为发烧而生"的互联网重度用户所专属，而是通过这群种子用户不断地向外围扩散，成为一个在更广阔范围被普遍接受的大众品牌，对应这种被放大了千百倍的用户群而言，小米的营销策略也应该做出相应的变化。

如果说2015年是小米线下战略的试水之年，那么2016年则成为小米全面进入线下市场的关键之年。

小米的未来在哪里？小米将何去何从？雷军的未来在哪里？雷军将何去何从？是隐退江湖做一个优哉游哉的富家翁，还是深度思考后重整河山待后生，再续小米传奇？我们希望是后者，毕竟中国需要像雷军这样的企业家。

▶ 思考与探讨：

1. 小米成功的关键因素是什么？

2. 小米目前面临的挑战主要有哪些？

3. 如果让你对小米的未来进行简要的战略规划，你会怎么做？

团队建设篇

团队的主题是人；

团队建设的核心是成就人；

只有在"成就人的团队"里，员工才会感到有奔头。

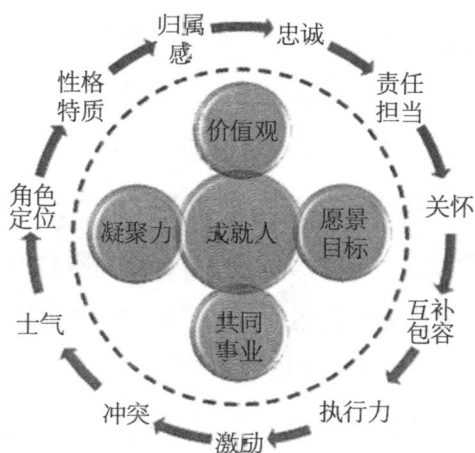

团队建设轮盘模型

第四章

团队文化建设的三大法宝
——愿景、使命和价值观

　　说起企业文化，也有人认为企业文化对企业经营管理来说太"虚"了，办企业还是要"务实"一些。"务实"主要包括产品、技术、质量等，这些是必须要坚守的底线，不能有半点含糊。但企业要长期稳健地发展仅靠这些是远远不够的，企业缺失文化就好比一个人身体非常健壮、耳聪目明却目不识丁，这样的人只是一个四肢发达、头脑简单的"自然人"。

　　因此，创业者既要"务实"，又要"务虚"，务实属"阳"，务虚属"阴"，"阴阳平衡"就是辩证法、就是"道"。

　　企业文化建设是一个庞大的事业，必须随着企业规模和企业成长阶段不断完善，企业文化为经营运作营造了丰沛的能量和气场，每一个规模企业都应该有自己的企业文化手册。

　　创业企业在团队文化建设上不可能一蹴而就，团队文化建设是建立在"愿景、使命和价值观"基础之上的，因此，创业企业的团队文化建设应该从打基础开始。

通俗地讲，"愿景"就是我们要去哪儿，"使命"就是我们为什么要去那儿，"价值观"就是我们怎样看待那儿。

一、愿景——团队的未来在哪里？

电影《肖申克的救赎》中的主人公、落难银行家安迪说过一句话："希望是个好东西，也许是世界上最好的东西。"

希望和愿景如影随形，无论个人还是团队，都需要希望、都需要愿景，希望和愿景能让人们在黑暗的苦闷阶段看到未来、看到光明，鼓起干劲，策马扬鞭奔向前方。

2016年9月，我在北京国家会议中心出席一个创业论坛期间同几位企业家朋友聊天，说到企业文化和愿景时，有人说："我们做实业的不太注重这些所谓'高大上'的务虚的东西，我们做企业就是一件事——赚钱，只要有钱赚，一切都好，不用什么文化呀、愿景这些虚头巴脑的东西。"

我问这位朋友："做企业必须赚钱，但市场风云波诡云谲，不可能总赚钱，一旦不赚钱了大家就会不高兴、很沮丧，这时候怎么办？"他的回答很干脆："赚钱就干，不赚钱了就把企业卖掉或关门，没什么复杂的。"企业不赚钱了就树倒猢狲散，这种想法也许是中国企业短命的因素之一。

企业短命就很难有积累，怎么能生产出"好东西"？这与如今国家倡导的工匠精神背道而驰，因为只有长寿的企业才能生产高品质的好东西，日本是世界有名的长寿企业之国，寿命超过两百年以上的日本企业有3146家，寿命超过千年的企业有7家，长寿企业数量居世界之首。

日本的长寿企业无不具备工匠精神，其工匠精神与他们拥有企业愿景密切相关。

没有愿景就看不到希望，企业经营中一旦遇到困难和挫折，团队成员就会各奔东西，从头再来。但如果总是"从头再来"，人生又有几次"从头再来"的时间呢？

用愿景武装起来的企业或个人即使在黑暗和困顿中也能看到希望，总能够克服眼前暂时的困难，渡过难关。任正非和马云都是愿景建设的成功者，他们带领各自的团队渡过了一个又一个"寒冷的冬天"，他们坚信，只要心怀希望，总会"春暖花开"。

愿景就是阿基米德所说的能够翘起地球的那个支点。优秀企业稳健发展的背后总有一股经久不衰的推动力——愿景力，能够得到员工们广泛认同的愿景仿佛有一股魔力，能激励着员工共同推动企业向前奋进。形象地说，愿景可以描述成一幅波澜壮阔、让人充满激情、心潮澎湃的"巨幅画卷"，这幅画卷可以被深深地烙在员工的心智中。

对于任何一个组织来说，企业愿景能否得到员工们的广泛认同是组织领导水平的分水岭，而这种愿景制造水平的差异，映射到企业经营发展道路上，则是差之毫厘、异之千里。描绘组织的愿景一定要做到能让人们为之热血升腾、心潮涌动，甚至热泪盈眶、彻夜难眠。

当前，一些企业容易走入这样的误区，空喊"我们一定要团结，一定要增加凝聚力"，但到底企业要奔向何方？愿景是否清晰可见？如果往哪儿走的问题都没有完全解决，员工们也是有力气都没地方使的。

有前瞻性的愿景能够激发员工的潜能，增强他们的执行力和主动性，使企业更有竞争力。

愿景的层次和境界越高，就越容易具有更大的效力，延续的时间也就越长。尤其是在企业面对危机时，愿景能够使团队在困境面前不至于垂头丧气、迷失方向，愿景能够作为精神支柱帮助企业挺过难关。

三一重工在工程机械制造领域是中国排名最高、世界排名第五的卓越企业，1986年三一作为乡镇企业诞生于湖南的一个小镇。经过三十年的发展，期间虽然经历了无数次的激流险滩，但其员工都在"创建一流企业、造就一流人才、做出一流贡献"的感召下，愈战愈勇、愈挫愈奋。

愿景诚然重要，然而愿景如果没有使命作为支撑，再美好的愿景也是镜中花、水中月。

二、使命——团队为什么要存在？

"使命"二字在中华传统文化中历史悠久，《左传·昭公十六年》中记载："会朝之不敬，使命之不听，取陵于大国，罢民而无功，罪及而弗知，侨之耻也。"此段描述的是大臣们的朝堂之争，大意是："上朝时失去礼仪，发布命令没有人听从，招致大国的欺负，使百姓疲惫而没有功劳，犯了罪也不知道，这是我的耻辱。"《三国演义》第八回中，貂蝉对王允说："适间贱妾曾言，但有使命万死不辞。"上述两处的"使命"均有"领受任务，承担重大责任"的意思。企业的使命是企业对社会、对客户、对员工等做出的庄严承诺，是企业存在的理由和依据，是企业之所以存在的根本。

管理大师德鲁克认为，在确定企业使命时，每一个企业都必须回答下列几个问题：

1. 我们的事业是什么？
2. 我们的顾客是谁？
3. 顾客的需要是什么？

4. 我们用什么特殊的能力来满足顾客的需求?

5. 我们如何看待股东、客户、员工和社会的利益?

确定了企业使命之后,接下来是制定战略的阶段。

确定企业使命是明确企业存在的理由和原因,它是企业的生存定位,如果一个企业找不准合理存在的原因,或连自己都不清楚自己存在的理由是什么,也许这个企业就没有多少存在的必要了,这正如人要问问自己"为什么活着"一样,明确企业使命也是企业的必修课。

明确企业使命是确定企业要实现愿景和目标必须承担的责任和义务。伟大的企业要靠伟大的使命来驱动,企业使命不仅要回答企业是做什么的,更要回答企业为什么要这样做,企业使命是企业发展的终极本质,崇高、明确、极富有感染力的使命可以使员工清楚工作的真正意义是什么,从而激发出其内心深处的动机。

三一重工的使命是"自强不息,产业报国,一切为了客户、一切源于创新";迪士尼"让世界更加欢乐"的使命让无数员工为企业和社会倾注了无限的心血和热情;华为的企业使命定位为"聚焦客户关注的挑战和压力,提供有竞争力的通信解决方案和服务,持续为客户创造价值"。崇高的使命要求企业必须把经营看作是一个持续满足客户、创造客户价值的过程,而非一个单纯生产产品或是提供服务的工艺过程。

使命确定了企业的价值取向和事业定位,指明了企业要对社会做什么贡献,代表着企业的责任和义务、基本任务和指导原则。使命感催生人的责任感,是个人和组织建功立业的强大动力,是古往今来成就伟大事业的共同特征。

使命不是花架子,不是用来"秀"给别人看的,使命必须是发自内心的、是自觉的意识、是真诚的流露，使命不是用来挂在嘴边装点门面的，使命是需要真刀真枪地践行的。

人类因使命而伟大，使命能给人注入无穷的奋进力，愿景必须依赖使命的支撑才能实现。价值观是践行使命的原动力，愿景又促使人们价值观形成，并产生强大的凝聚力。

三、价值观——人们一起共事的准则和信条

古语说："道不同，不相为谋。"人各有志，人们的价值观很难完全一样，因此，共事必须找价值观一样的人才能凝聚到一起，创业伙伴可以性格各异、各有优缺点，但价值观必须相同，志同才能道和，价值观相同的人才能走在一条大路上，价值观相同的人才是"一路人"。

关公为什么没有归顺曹操？孔明为什么选择刘备而没有追随曹操？主要原因就是"志不同"，因为关公、孔明和曹操的价值观不同，不是一路人，岂能一起共事。

美国前副国务卿佐利克说："组织与组织，人与人之间长期共事的基础是价值观，而非利益。"因此，企业在识人、选人、用人、育人、留人方面应首先考察对象的基本价值观。

一般而言，价值观是指人或组织对客观事物的是与非、对与错、好与坏、美与丑等的总评价、总判断和总看法。价值观具有稳定性、持久性、历史性、主观性和阶级性。一个人的价值观形成受家庭成长环境、受教育状况、工作场所等外界因素影响，价值观一旦形成则很难改变，一个人的价值观通常伴随终生。

企业的价值观是企业本体和绝大多数员工一致认同的关于企业使命和意义的终极判断。只有当企业内部绝大部分员工的个人价值观趋同时，企

业的价值观才能形成。

在把好招聘关之后，员工一旦被招进企业，对其进行合理引导也能够有效地统一价值观，让员工尽快"入模子"。

2016年8月中旬，我为中航青云集团近百名新员工进行培训时，为了更好地使新员工"入模子"，接受并认同中航的价值观，我们设计了一个"价值观竞拍"的培训项目，竞拍品是中航的价值观：诚信、效率、进取、创新、航空报国和强军富民，让新员工选择其中一个词，详细阐述为什么选择这个词以及怎样理解这个词。培训在晚上进行，本来计划时间是两个小时，由于讨论热烈，进行了三个多小时人们还意犹未尽，由于第二天还有培训项目，在近十点时才结束了"价值观竞拍"的讨论培训，这次培训对加深新员工对中航价值观的认可、对提高如何做一名合格的中航军工科研人员的认识起到了非常积极的效果，受到了中航青云领导的赞同和员工好评。

价值观教育是企业文化教育的重头戏，需要不断地强化。因为今天的社会变化太快，各种思潮时常冲击着员工的心灵。无论外部环境如科技进步、产品升级、管理理念升级等如何变化，企业的价值观不能随之乱变，价值观一变则容易引起员工的思想动荡。企业价值观是长期培育起来的，是员工的精神支柱。

价值观虽然是无形的、看不见、摸不着，但人们能感知得到，价值观在于做，而不在于说，行胜于言。价值观好比组织的灵魂，价值观扭曲会直接促使人们灵魂的扭曲，言行不一致的后果就是导致组织的崩溃。

无数例子证明，价值观的成败决定着企业的生死存亡，前段时间被媒体曝光的诸如"易租宝"等理财公司们打着为客户创造价值的幌子，做的是欺骗客户的事情，这就是严重的价值观扭曲。一些所谓理财公司的员工被公安机关抓到后审问时还认为自己是在"做营销",他们把欺骗当作营销,是典型的价值观扭曲、灵魂错乱、思想混乱,这样的企业畸形发展的过程本身就是怪胎,岂能健康成长。

海底捞的价值观是:双手改变命运。海底捞董事长张勇坦言,他们招聘员工没有标准,只要身体健康、愿意加入海底捞的人就可以成为海底捞的员工。张勇强调成为海底捞员工的一员一定要遵循勤奋、敬业、诚信的"天条",愿意自己的双手来改变一切。企业层面的价值观则强调首先让员工满意,再让顾客满意。

总而论之,愿景、使命、价值观三者是企业文化的精髓要义,亚当·斯密说市场是一只看不见的手,引导社会资源的优化配置。我认为企业文化也可以喻为一只"看不见的手",它挥手之间就能激发出员工积极性和创造性,进而实现企业资源的优化配置。

拿破仑说:"一支军队的战斗力70%来自军人的士气。"士气是什么?士气绝不是规章制度,而是企业的精神和文化。企业文化虽然不是治愈企业问题的灵丹妙药,不可能解决所有的企业问题,但企业文化可以使企业不被问题压垮,帮助企业带着问题也能唱着歌前进!

▶案例链接:

报国兴农
——大北农集团企业文化建设探秘

这是一家农业企业;

这是一家身处中关村的农业企业;

这是一家身处中关村的农业高科技企业。

这就是北京大北农集团公司，中国农业领域的龙头企业，是从"中国硅谷"中关村崛起的农业企业。大北农是一家地地道道的民营企业，如今是深交所挂牌上市公司。通过20年的奋斗，大北农从初创时的两个人、两间房、两万元发展成2万人、200亿、200家分子公司和生产基地的规模。

中关村是我国科教智力和人才资源最密集的区域，中国农科院、中国农业大学、中国农机院、北京农学院等众多农业高科技院校和研究机构汇聚于此，许多农业高科技企业也聚集于此，使中关村成为中国农业科技的制高点，大北农就是"农业硅谷"中的代表。

邵根伙是大北农集团创始人，媒体评价他有着农民的淳朴和博士的深刻。三十多年前，邵根伙逆着世俗的偏见选择了农学专业，十年寒窗学成了中国第一个养猪博士。二十多年前，他从中国农业大学农学博士毕业，并在北京农学院任教。两年后的1993年，那年冬天特别寒冷，邵根伙与朋友在两间租来的办公室里点燃起对未来的憧憬。这种憧憬的驱动力让大北农走到今天，也让邵根伙从浙江金华农村的一个普通少年成长为中关村成功企业的领导者。

目前，大北农的饲料、动物保健、种业、种猪等产品已经深入农村，悄悄地改变着中国农村部分农产品的品质，也在慢慢地改变着农民的观念。

大北农成功了，但邵博士没有做"鸟尽弓藏"的事情。他最初的创业伙伴一个也没有离开，这一方面说明了他的个人魅力，一方面也说明他具有超凡的用人和授权智慧。

"邵博士"是邵根伙在公司内外的通用称呼，在公司，邵博士的称呼含有老师、老总的意思，给人一种亲切感、尊敬感，在大北农，企业内外同事之间也是尊称"老师"，不像有些企业里"××总"的名号特别多，大北农里没有"××总"这种称谓，这很有些意味。邵根伙的穿着很随意，第一眼见到他不会给你留下太多的印象，但透过质朴与随和的表情你会感到他内在个性的力量。

邵根伙认为，"命"是不可更改的，一如已经存在的现实条件；而"运"是可以变化的，一如主观的不断努力。

无论是"科技兴农，争创一流，共同发展"的企业价值观，还是"报国兴农，成就自我"的企业理念和"不抽烟不酗酒"等八项守则，都证明了大北农企业文化语言与行动的统一。与众不同的是，邵根伙在事实上将大北农变成了一所学校：组织各类专家科研攻关、培训员工、培训农民，大北农联合中国农科院主办了中国农民大学，成立大北农发展学院和大北农农业科技研究院。每名员二入职前都要经过严格训练与艰苦学习，大北农的企业文化成为一种企业的公共语境，通过制度建设使企业文化得以成熟，这种文化的塑造力十分强大。

大北农的企业文化体现在如下几方面：

企业愿景：创建世界级农业科技企业

企业使命：报国兴农，产业报国、科教兴农

企业价值观：科技兴农，争创一流，共同发展

团队建设：打造一支本领过硬的"狮、虎、狼"型的王者团队

"正"文化：正心、正气、正思、正言、正行

大北农"六观"：

时代观：融入时代潮流、融入全球竞争、融入国家崛起

农业观：最富潜力、值得奋斗

企业观：奉献社会，强大国家

工作观：融入企业，追求卓越

成功观：创造财富、润泽社会

生活观：快乐生活，幸福人生

颇具特色的大北农"三大纪律，八项注意"：

不抽烟不酗酒；

不参加不健康的娱乐活动；

不在外兼职；

不利用工作之便牟取个人私利；

无条件服从工作安排；

对人对事要坦诚；

把创一流作为自己的工作原则和成长目标；

保护公司知识产权与商业秘密。

大北农工作规范：

节俭： 成由勤俭败由奢，绢绢细流可以成江海，大的事业总是从小处着眼。节约一张约一分钱，勤俭办企业。

学习： 三人行必有我师焉，谦虚学习别人的长处，认真学习业务技能，练好基本功，共同创办学习型企业。

沟通： 善于与同事、上下级、客户沟通，提高工作效率。

整洁： 保持个人与办公区的卫生，做到办公物品整法有序，个人着装朴素大方。

守时： 不迟到早退，在任何情况下都要守时，取信于用户、同事、上下级。

自律：戒骄戒躁，严于律己，宽以待人。

称呼：创造一个平等、融洽、亲切的工作氛围，同事、上下级、长幼之间以老师相称或者直呼其名。

作为农业领域的"产业红军"，邵根伙领导的大北农正迅速地扩大着市场影响和市场战果，在这样的局面下他依然有着农民的淳朴和博士的深刻，依然用执着与从容应对事业与人生的变幻。

大北农作为一家综合性农业高科技企业，饲料产品和种子产品是公司基础性业务和核心产品，两类产品的销售收入合计占公司营业收入的比例为90%左右。公司业务定位清晰、重点突出，主营业务和辅助业务之间具有良好的协调性和互补性，充分发挥了公司的资源优势，提升了公司的核心竞争力和抗风险能力。

25000名大北农员工共同的企业文化力量支撑起了强大的科技创新能力，通过多年不懈努力，大北农建立了多项竞争优势，具备良好的核心竞争力。公司自创立以来始终坚持以"科技创新"作为立企之本，依托中关村的科技资源和创新环境，致力于以高科技发展中国的农业事业。大北农通过自主研发、技术引进、科技成果转化或产学研合作等途径，形成了国内一流的企业技术创新体系与核心竞争力。

大北农做出的社会贡献得到了社会各界的充分肯定，也得到了党和国家领导人的关注和鼓励，近年来，习近平等政治局领导多次到大北农集团公司考察调研，高度赞扬了大北农取得的经营和最新科技成果。

大北农这艘"农业航母"正在邵博士的带领下，扬帆远航，向深海远洋驶去。

▶**思考与探讨：**

1. 大北农的企业文化建设有哪些特别之处？

2. 探讨一下企业文化和企业老板的关系。

3. 大北农在企业文化建设方面给我们带来哪些启示？

第五章

高绩效团队建设的十二项修炼

电视剧《亮剑》中，李云龙在军校毕业演讲中讲道："任何一支部队都有自己的传统，传统是什么？传统是一种性格，是一种气质，这种传统、气质和性格是由这支部队组建时首任首长的性格和气质决定的，他给这支部队注入了灵魂，从此，不管岁月流逝，人员更迭，这支部队的灵魂永在。"今天有许多企业都在向军队学管理、学领导力，尤其是向军队学团队建设。

我认为学管理有三个层次：第一个层次是仅学习对象的外形，这是最浅层次的学习，也可以说是照猫画虎、照葫芦画瓢；第二个层次是学习对象的内容、办法和观点，分门别类，甲乙丙丁，缺什么学什么；第三个层次是学习对象的本质、精髓和灵魂。

我们进行团队建设，其核心要旨就是为团队"注入灵魂"。统领军队需要灵魂，创办企业需要灵魂，一个缺乏灵魂的企业很难成长起来，首位创业者为其企业注入灵魂：任正非为华为注入了灵魂、马云为阿里巴巴注入了灵魂、邵根伙为大北农注入了灵魂。

一、探秘团队能量

"团队"是一个非常宽泛的词汇，大到一个国家，小到一个家庭，都可以称为一个团队。

企业团队能量场如果呈现的是负能量、乱能量或无能量，企业就很难维持很久。唯有正能量团队才能使企业蓬勃向上、健康发展。一个充满正能量的团队可以直面一切问题、超越一切障碍，坚韧顽强、同舟共济、毫不动摇、步步高攀、直达目标。许多企业虽然天天都在强调团队正能量、进行团队建设，但总感到力不从心，团队成员沟通不畅、发生误解的事常有，团队成员在角色认知方面存在问题。

要使每一位成员都能认真负责、积极向上，使他们从内心深处认同团队愿景、使命和价值观，为实现共同理想而建立起深厚的团队情谊，团队领导者至关重要：

1. 榜样的力量是无穷的，"带头大哥"必须做到一心为团队服务，言行一致。据微软总部员工透露，为维护停车公平，比尔·盖茨在公司车库停车并无专有车位，也要到处找车位停车。

2. "带头大哥"必须为营造正能量场创造适宜的环境条件，必须让这个环境充满养分。这种关系好比园丁和花草，每颗花草都有内在的基因促使其生长，园丁要做的是创造有利于花草不断生长的环境条件。

3. 团队是由人组成的，不是由物品组成的，因此，"带头大哥"必须了解不同的情景下成员反应是什么？成员的反应将会是什么？希望是什么？"带头大哥"必须清楚怎样调动员工的工作积极性。

4. 每个人内心都希望被尊重，尊重能使员工自动、自发地卖力工作。一位退役的美国海军驱逐舰舰长根据自己的工作笔记写成的书《这是你的船》中，描述了如何把一艘世界装备一流但管理混乱的现代化驱逐舰改造成美国海军公认的模范军舰，书中的舰长首先做到的就是尊重这些来自社会底层的年轻水兵。

二、个人英雄者　VS　团队建设者

虽然我早已不能在绿茵场上奔跑驰骋，但对足球的热爱有增无减，人们看足球比赛往往更关注某个自己喜爱的球星的场上表现，然而决定一场球赛胜负的绝不是几个球星，它必须依赖全体球员完美无缺的团队配合才能最终赢得比赛，足球运动是典型的团队作战项目，球星的价值更多体现在同队友的配合与协作上，而不是靠个人英雄主义。

过于关注"自我"的个人英雄经常会成为害群之马，时常会拖团队的后腿，然而总有些个人英雄称自己是团队建设者，说别人是个人英雄主义者。用一分钟的时间回答如下问题，就可以知道自己是个人英雄主义者还是团队建设者：

1. 你会牺牲自己的时间去培训他人，以使他人更胜任工作吗？

2. 你真的乐于助人并会与他人分享自己的知识和经验吗？

3. 你事业有成时愿意和帮助过你的人分享成果和荣誉吗？

4. 出现失误时，你会去找寻解决问题的办法，而不是去责备别人吗？

5. 当有人向你询问问题时，你愿意倾听吗？

6. 你会寻找更好的办法以帮助周围的人更高效的工作吗？

7. 当你出错的时候，你承担责任的速度与程度与你享有荣誉时的速度和程度一样吗？

8. 你为他人做事的时候是不求回报的吗？

如果你的回答全部为"是"，你是一个完美无缺的团队建设者（太理想了），如果你的回答全部为"不是"则是地地道道的个人英雄主义者（也很少见），回答"是"的数量必须大于回答"不是"的数量，这样你的团队才能充满正能量。

如果你的个人英雄色彩倾向较重，但自己希望成为一个团队建设者，请带着这八个问题寻找改善方法。仔细阅读本书，平时加以注意和训练，你一定会成为一个充满正能量场的团队建设者。

三、团队领导的铁匠理论

打铁先要自身硬，铁匠师傅无虚名。领导素质要过硬，带兵才能打得赢。当领导最怕什么？最怕自己被自己的下属看不起，作为领导者，如果被自己的下属看不起，还谈什么领导力、影响力、执行力、战斗力呢？

军队中的各级军官将领正是因为能打仗、会打仗、善于打仗、能够打胜仗，才赢得了士兵们的信服、尊敬甚至崇拜，士兵们才可能听其指挥，所以创业者要带出一支过硬的队伍，就必须精通自己的本职工作，做一个内行的领导，不要被人说"外行"。

1935年5月，毛泽东在延安的干部教育大会上说："我们的队伍里有一种恐慌，不是经济恐慌，也不是政治恐慌，而是本领恐慌。过去学的本领只有一点点，今天用一些，明天用一些，渐渐告罄了。好像一个铺子，本来东西就不多，一卖就空，空空如也，再开下去就不成了，再开就一定要进货。学习是我们必要的工作，特别是干部同志，学习的需要更加迫切，如果不学习就不能做领导工作。"毛泽东说这段话的目的，就是要求干部必须做一个内行的领导。

俗语说"兵熊熊一个，将熊熊一窝"，打铁还要自身硬，企业更需要自身硬的"带头大哥"，才能有主心骨，正如海尔电器有张瑞敏，福耀玻璃有曹德旺，吉利汽车有李书福，长城汽车有魏建军。这些企业家们凭借自己的本领和人格魅力、坚强的意志、宏大的气魄、高超的战略，整合资源，率领员工聚合成一股洪流，几十年过去后，创造出一个个响当当的伟大企业。

行文至此，我又想起了二十多年前的一件往事，20世纪90年代初的一个夏天，受厄尔尼诺现象影响，天气特别炎热，在我所工作的风帆集团公司里许多人要求在办公室安装空调，办公室主任先给董事长王保祥的办公室购置了空调，董事长严厉地批评他说："我们在办公室工作吹着电风扇还嫌热，车间的工人师傅们挥汗如雨，他们就不怕热？"那个夏天，整栋办公大楼除了机房，没有一间办公室安装空调。

孔子曰："其身正，不令而行；其身不正，虽令不行。"上行下效，有什么样子的领导就有什么样子的下属。当领导也要讲究工匠精神，向铁匠师傅学习，打铁先要自身硬，领导必须率先垂范，少露官态，少说官话，少端官架子，才能凝聚人心。

四、加强团队凝聚力，驱散团队内的乌云

在各种体验式团队培训中，《团结就是力量》是歌唱频次最高的曲目，这首歌确实很适合团队凝聚力培训，因为团结才能产生凝聚力，凝聚力才能形成团队合力，有合力的团队才更有力量。

明朝著名将领戚继光抗击倭寇时，把整个部队分成一个个由几十人组成的小队，每个小队只练习一个招式，或是进攻的招式，或是防守的招

式，反复训练，直至炉火纯青，几十个人合在一起就像一个力大无比的大力士作战一样，戚家军就用这种招式打击日本倭寇，倭寇很多年都不敢再冒犯明朝。

凝聚力是团队协作的至高境界，全体成员的向心力、凝聚力是从松散的个人集合走向团队配合的重要标志。大雁迁徙时的飞行队形和团队意识在管理界广为传颂，带给我们很多启示：

1. 大雁在飞行时的"人"字形雁阵队形。大雁的"人"字队形飞行队形非常符合空气动力学省力原理，飞在前面的大雁可以使后边的大雁节省20%的力气，使团队的飞行效率更高，这给我们的启示是：要选用科学的工作方法才能使团队的效率更高；"共同拍动翅膀"才能避免有人滥竽充数、偷懒"搭便车"。

2. 头雁的价值。"人"字飞行的雁阵中，头雁要击穿空气的阻力带领雁阵向前飞行，体力消耗巨大，当它疲倦的时候，其他体格健壮的大雁会自动替换头雁的位置，迎着空气的阻力带领雁阵向前飞行。这种现象给我们的启示是：在团队中，每一个员工只要有胜任能力，总有机会提升至重要岗位，"怀才不遇"只是暂时现象，谁见过"怀才不遇"四五十年的人才？如果你真是四五十年怀才不遇，"人才"的称谓是不是需要打个问号呢？

3. 互相鼓励。雁阵在飞行中总会发出"呀、呀、呀"的叫声，此起彼伏、和谐悠远，科学家研究发现大雁这种鸣叫是在传递信息和互相鼓劲加油，以克服长途迁徙每天几百公里的单调飞行。人在职场，又何尝不需要信息传递和互相鼓励呢？

4. 互相关爱。雁阵在长途飞行中，如果有一只大雁生病或受伤不能随大队飞行了，落到地面后总会有另外两只大雁陪着它，一直到它康复或是死去，陪伴在侧的大雁才会飞去寻找"大部队"，大雁不会抛弃"病友"不管不顾。在组织中，如果有员工生病了，同事们的关心和照顾会大幅度地提高员工的最终归属感。

研究大雁的团队精神，将其结合到企业的管理实践中，对提升团队凝聚力非常有帮助。团队建设中有时阳光明媚、晴空万里，有时乌云翻滚、阴霾漫天。如何有效地驱散弥漫在团队中的乌云，必须引起管理者的高度重视。如果管理者无视员工的优点、技能和知识，总是带着挑剔而非欣赏和鼓励的眼光去"鸡蛋里挑骨头"，把精力聚焦在细枝末节上，就会给团队笼罩上厚厚的乌云；反之，只要管理者关注每一位团队成员的特质和能力，进行适当的效率评估并给予相应的训练和指导，就可以令团队驱散乌云、重见阳光。

五、纪律加规矩，形成团队好风气

朗朗上口的军歌《三大纪律八项注意》通过红军的广泛传唱，把这些基本出身于社会底层的农家文盲子弟打造成了训练有素的红军战士，让红军战士心中强化了纪律，实现了由闲散民众向革命军人的人生蜕变。

诞生于1997年的《华为基本法》为华为这艘立志驶向国际海洋的超级航母提供了纪律保障，任正非希望战舰既要航行快又要航行得稳，让华为在波涛汹涌的国际商海中安全地纵横驰骋。

铁的纪律是团队生存和战斗的保障，合格的战士和员工一定要具备严格的自我纪律观念，纪律向来是团队文化的精髓。自由散漫永远不会打造出一流的队伍、一流的员工，严格的纪律是打造高绩效卓越团队的必要条件，自由散漫的团队一旦遇到困难和强敌极容易溃不成军。

关于带兵之道，自古就有"爱兵才能带兵"之说，铁一样的纪律加上爱兵如子，才能形成严肃紧张、团结和睦的团队好风气。统兵之道尽在恩威并举，这里的"恩"就是要求上司必须爱兵，"威"就是纪律严明。"恩"属阳，让人倍感温暖；"威"属阴，使人冷静客观。恩威并举才能造就威武之师、文明之师，有"红军之父"美誉的朱德爱兵是出了名的，行军途中的朱老总时常询问战士们吃得饱不饱、穿得暖不暖、有没有热水洗脚，遇到泥泞路段他总是把自己的战马让给受伤或年老的红军战士骑坐。

中华民族素有报恩的传统美德，"滴水之恩当涌泉相报"、"受人之恩，终身必报"、"知恩不报非君子"。上司越是爱护员工、关心员工，员工就会越卖力地工作。张瑞敏就深谙带兵之道，海尔员工中流传着这样一句话："领导把我当成牛，我把自己当成人；领导把我当成人，我把自己当成牛。"

纪律加关爱铸就团队的正能量和好风气。向军队学习团队建设，向解放军学习领兵之道，才能打造具有竞争力、战斗力的成长型企业。美国培养企业家最多的组织不是哈佛大学，而是西点军校；中国企业界"三雄"任正非、张瑞敏、柳传志也都曾是军人出身，军队大熔炉的锤炼使他们缔造出了华为、海尔和联想富有正能量的团队并享誉世界。

六、打造学习型组织，培养人、改变人、塑造人

科学技术是生产力，知识技能是生产力，教育培训产生生产力。终生学习、接受教育和培训是一辈子的事情，如今越来越多的人已经意识到了学习的重要性。

随着社会的进步，中产家庭增多且日益殷实，很多员工尤其是接受过良好教育的知识型员工不再仅仅关注薪水的多少，他们更加注重自己在公

司这个平台上能否成长、成长得怎样、未来有什么发展、自己在企业能否学到新东西。学习型团队更能够吸引有追求、有理想、想干事的知识型员工，许多大公司均采用学习培训的方法来育人和留人。

华为公司在20世纪90年代的初创期就非常注重人才的培训培养，当时华为只有两百多名生产人员，却配置了五百多名研发人员，华为在研发新技术、新产品方面是不惜血本的。我有一个表弟，河北科技大学理工科毕业后入职华为研究所从事研发工作，入职三个月就被送往德国学习当时世界最先进的电信科学技术，一学就是半年，后来又相继在美国、日本等发达国家学习电信专业技术。正是因为重视员工的学习培训、重视打造学习型组织，因此员工成长了，华为也成功了，学习型组织成就个人也成就企业。

一个优秀的学习型团队往往能起到培养人、改变人、塑造人的惊人效果，彼得·圣吉在其著作《第五项修炼：学习型组织的艺术与实务》中讲到的第一项修炼是超越自我，第二项修炼是心智模式，人只有通过不断自我超越的学习修炼才能改变自我的心智模式。我曾经在一家大型央企工作过多年，这是一家非常注重人才培养的学习型组织，也就是在这里我养成了终生热爱学习的习惯。在企业从事了多年的经营管理工作后，为了帮助更多企业、管理者、学生更好地成长，我走进了教育培训工作领域，把帮助企业、管理者和学生成功作为自己的神圣使命，因为学习型组织培养了我，我也要培养别人、更好地回报社会。

对于组织来说，通过培养弥漫于整个团队的学习氛围充分发挥团队成员的创造性思维能力，这种团队学习的合力效果能够实现高于个人绩效代数总和的综合绩效。

如何打造学习型组织呢？可以借鉴360°学习模式帮助企业打造学习

型组织：

1. **全员学习**。从基层到高层，定期或不定期地进行有针对性的学习，让每一位员工在团队中都能实现成长、成才、成功。

2. **终生学习**。学习不是一时兴起，而是贯穿人生始终的大事，人人爱学习的习惯会助力组织养成风清气正的学习风气。

3. **全过程学习**。科学技术发展日新月异，面对新事物，团队成员必须养成边学习、边工作的发展模式，让学习贯穿于企业运行的每一个环节、每一个过程。

4. **团队学习**。在注重个人专业学习的同时，更要强调团队成员的合作学习、群体智力的开发。企业应组织内部员工对新知识、信息进行分享，尤其是处于高效、管理咨询、教育培训领域的人士，更要重视一起学习，这样团队方可健康成长。

七、共同关注团队目标

任何一个团队都是为了一定的目的或目标而组织起来的，团队没有明确的发展目标就没有团队存在的必要，目标不清晰也会动摇团队存在的基础。

目标是根据企业愿景制定的行动纲领，也是助力企业实现愿景的手段和方法。一个崇高的团队目标具有无比强大的吸引力，人们会不由自主地被它吸引、感召，并全力以赴地为之而奋斗。

黄埔军校是中国历史上著名的现代管理模式军事院校，有光荣的历史，黄埔军校之所以能够产生强大的能量，就在于有着清晰而明确的目标，孙中山先生创建黄埔军校的目的就是为了"创造革命军，挽救中国的危亡"。

　　正是因为确立了这一目标，黄埔军校与以往的旧军校、讲武堂教育学生上军校是为了升官发财、光耀祖宗有本质的区别。全体黄埔军校师生在后来的日子中为实现这一崇高目标发挥出无所畏惧的革命奉献精神，前赴后继，成就了黄埔军校前期的辉煌。黄埔军校在蒋介石革命政变后逐步走上了下坡路，原因就在于此后黄埔军校存在的目的从"挽救国家危亡"的崇高理想变成了蒋介石培养和网罗黄埔嫡系的工具，这是黄埔军校走向衰落的根本原因。

　　2016年9月10月，我在北京某著名高校举办的MBA发展论坛做嘉宾和评委，当问到该校的MBA学生"企业的目的是什么"时，得到的回答是"当然是为了挣钱、创造利润"。当时，我在略感惊异的同时，也体察到今天象牙塔中学子们的浮躁和急功近利。商学院的学子应该熟知德鲁克的观点，德鲁克在五十多年前就大声呼喊："企业的目的只有一个，就是创造顾客。"创造顾客价值是当今世界管理界普遍认同的企业目的。在这一经营指导思想的引领下，一个个美国企业跨出国门，为世界人民创造顾客价值，成就了一个个世界500强企业，这也许就是跨国公司和今天国内一些企业的差距吧，是目标的差异导致了企业层次间巨大的差距。

　　企业的目标一旦确定，就要求每一名团队成员都要强烈关注它，只有这样才能产生无穷尽的团队正能量，每位团队成员强烈地关注目标、以极大的热情投入工作，就会形成一股巨大的洪流，让整个团队浩浩荡荡地向着目标进军。

　　团队领头人要把谈论目标作为"老生常谈"一样，经常谈、天天谈、月月谈、年年谈，一有机会就谈，让目标这棵大树栽种在每一名员工的心智中，锁定目标这棵青松，任尔东南西北风就是咬定青山不放松。聚精会神锁定目标，就会产生强大的凝聚力量，把目标铭刻在每一名成员的脑细胞上，大脑回路一旦就位则难以改变，还会自主地抵制更改，把目标刻在成员的脑细胞上，让他们的视网膜上呈现清晰的目标场景，让他们非常期望看到目标实现，他们越期待目标实现，就越会自动自发地努力拼搏。

八、团队成员优势互补，扬长避短

龙生九子，子子不同。在任何一个团队中，每个成员的优缺点都不尽相同，团队领导者必须具备发现每个成员优点的慧眼，优势互补，扬长避短，团结协作，才会产生惊人的能量。

相传很久以前弥勒和韦陀各分管一座寺庙，由于弥勒笑口常开，整天乐呵呵的，于是香客云集，香火非常旺盛，但寺庙却入不敷出，为什么会这样呢？原因是弥勒天性大大咧咧，不善于财务管理。

而韦陀管理的寺庙一切都井井有条，但香客稀少、门可罗雀，日常寺庙维护经费还需要如来佛祖动用财政拨款才能维持，原因是黑口黑脸的韦陀吓跑了前来上香的香客们，人们见了横眉立目的韦陀纷纷敬而远之。

后来，如来决定机构合并，实行干部人事改革，把两个寺庙合并为一个寺庙，由弥勒负责接待工作，由韦陀负责寺庙管理和财务工作。从此，合并后的寺庙香客云集、香火无比旺盛，寺庙管理秩序井然、账目清晰，每年的利润所得名列前茅，是如来手下名副其实的"纳税大户"。

看到这个故事，我们必须要佩服如来佛祖不仅能够普渡众生，还有着高超的领导才能。

只要大家认同同一个目标，即使成员性格不同，也一样可以在一起共事，成就丰功伟业。比如西游团队中，桀骜不驯、本领高强的孙悟空追求的是自由、挑战和荣誉；懒惰而乐观的猪八戒追求的是吃好喝好玩好、香车美女；默默奉献、任劳任怨的沙和尚追求的是安全、踏实和稳定；心地善良、意志刚强的唐僧追求的是佛经真意和普渡众生。虽然师徒四人的脾气秉性差异巨大，但他们都有一个共同的信念，那就是通过去西天取经得到各自追求的东西。

九、团队建设的冰山模型

一说起冰山，许多人首先想到的是一百多年前英国豪华游轮泰坦尼克号在北大西洋撞上冰山沉没的场景，邮轮是船头正撞上冰山的吗？不是，它是被隐藏在海平面下的冰山划破了"肚子"（船舱），大量海水涌入，导致这艘在当时世界上最豪华的邮轮沉没了。隐藏在海平面下面的、看不见的冰山的那部分真是威力无比啊。

物理学认为，冰山露出海面的部分和海面下的部分比例是1:9，水下的部分才是冰山的主体，但人们经常犯的错误就是只看到海平面上面的次要部分，而看不到海平面下的"大冰山"。比如，许多管理者学习世界500强或其他伟大的企业，以为只要引进了他们的设备、技术和管理手册就是学会了他们那一套，实际上所谓的技术、设备等只不过是冰山露出海平面上的一小部分。

我们是企业界人士，在研究、观察一个组织并判断这个组织是松散的群体还是高效的团队时，冰山模型同样适用。

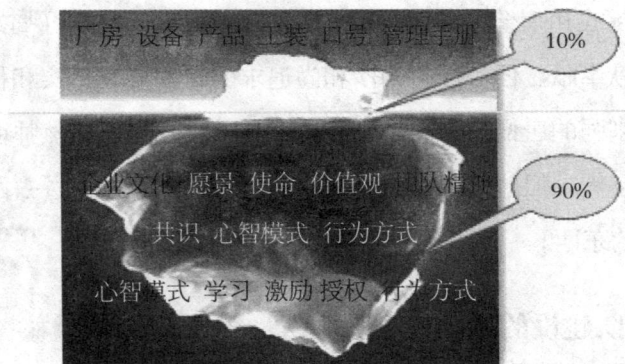

图2　团队建设冰山模型

通过图2的冰山模型，我们可以一目了然地看到，冰山露在海平面以上的部分如厂房、设备、产品、工装、口号、管理手册等都是表面现象，只占冰山整体的10%，这些别人都能看得到，难道有了这些东西企业就成功了吗？这些是团队干事业的主要环节吗？显然还不是，决定事情成败的永远是我们看不到的大部分。

如果仅仅依靠厂房、设备、产品等就可以创业成功，岂不是人人都可以创业成功了吗？把企业做好绝非易事。决定创业团队能否成功的是冰山下面的90%部分，即企业文化、愿景、使命、价值观、团队精神、共识、心智模式、行为方式等。

冰山上面的小部分在短时间内就可以完成，而冰山下面的大部分需要经年累月的团队磨合、磨砺方可炼就，一旦炼成，团队兴亡荣辱与共，这样的团队一定可以在商海竞争中大显身手、攻城略地、所向披靡。如果团队建设尚未"瓷实"就"大干快上"，结局一定是上得越快、死得越快，干得越大、死得越惨。

十、团队中的高层、中层应扮演什么角色？

团队中的高层、中层管理者是企业的骨干中坚力量，他们的言行规范、修炼、修养对团队建设起着决定作用，他们做得到位了，上行下效，团队才能风清气正、充满正能量。

1. 高层管理者的角色责任

（1）高层主管是团队舵手级的人物，他们拥有团队的整体掌控权。《第五项修炼：学习型组织的艺术与实务》一书中倡导的学习型组织的一项修炼就是建立共同愿景、明确未来的发展方向，这些都是高管们的主要任务。

（2）制定战略和组织架构，毛泽东说"路线是纲，纲举目张"，"纲"就是战略，"目"就是战术，高层的工作重心是制定战略，中层和基层的工作重点是战术执行，战略决定战术，战术反作用于战略制定。战略的概念源于军事领域，战略决定战争的胜败，在企业经营中，战略决定着如何运用有限的资源创造最大价值的效能。

（3）整合与分配资源。高管们必须心怀高远、高瞻远瞩，从宏观层面汇集资源、整合资源、调动资源、分配资源，发挥资源的最大效用。

（4）高管必须是"大力士"。企业经营不可能总是风平浪静，暴风骤雨随时可能向企业劈头盖脸打来。高管是企业的"擎天柱"，当企业遇到危急、危难尤其是遭遇灭顶之灾，企业大厦即将倾倒时，高管们必须具备"扛鼎之力"力挽狂澜，支撑起将要倾倒的大厦。

（5）缔造企业文化。企业文化是企业的经营哲学，也有的专家说企业文化是一种宗教，文化是企业的灵魂，它看不见也摸不着，但你却能感知到文化的存在状态，文化像一双无形但法力无边的大手，时时刻刻控制着团队成员的行为方式。对于私企来说，企业文化往往就是老板文化，老板文化的形成是以老板为核心的高管们的思想、理念汇集而成的。高管们对组织的影响巨大而长远，甚至决定着企业的未来，企业高管们务必保持团队学习、共同提高的团队奋斗意识。

2. 中层管理者的团队角色

（1）把目标分解成计划。中层主管的主要职责是将高层制定的战略目标分解为各部门可以执行的具体工作内容，并组织员工在规定的时间和预算内实现目标。

（2）设立程序和标准。中层主管设立团队程序和标准，确保计划指标的科学有序完成，促使团队有序运行。

（3）部门之间的互相协调。企业中的许多问题相当一部分是由各部门之间的问题和矛盾引起的，有智慧的中层领导在遇到部门之间的矛盾时不会依赖请示更高级上司如何解决，更不会在会上讨论这些矛盾和问题，而是会主动去和兄弟部门协调沟通，私下解决问题。

（4）注入动能，鼓舞士气。如何激励员工、调动员工的积极性和工作热情是中层主管的主要任务。

（5）培养下属。中层主管是企业的桥梁，他们一端连接着高层，一端连接着基层员工，员工效能的提升考验着每一位中层干部带队伍的功夫是否扎实和高效。

一个团队的凝聚力状况关键看中高层领导者。同样是由碳原子组成，松散排列而成的物质是软塌塌的石墨，紧密排列而成的就是钻石，它是世界上最坚硬的物质，能割破世间万物。如何把组织打造成拥有像钻石一样的凝聚力的团队，中高层领导者任重而道远。

十一、执行力来自有效激励

在为企业做咨询培训服务期间，和企业家们聊天时我听他们提得最多的是自己的员工执行力太差、又笨又懒，在领悟上级指令时总是不到位，但很少谈及自己是如何了解下属、激励下属、如何调动下属的积极性。与其抱怨员工的执行力太差，不如调查清楚、想想办法，寻找如何才能有效激励员工以提高其执行力的方法。

1. 注入活力。一个暮气沉沉、少有热情更无激情的团队中，麻木的个人不可能有多好的执行力，因此，企业管理者应给团队注入活力。开展形式多样的文体活动、体验式培训和户外拓展训练等都可以为团队注入活力。

2. 物质激励。小时候，左邻右舍的小伙伴们都非常喜欢和我一起玩，我是名副其实的小孩头目。当时，我家里小人书特别多，我也非常喜欢和小伙伴们一起看小人书，我也经常把家里的糖果拿出来和小伙伴们分享。后来参加工作了、带团队了，我经常自费和员工一起下馆子。财散人聚、财聚人散。做企业、当老板一定要同员工们分享经营成果。

3. 精神激励。人是感情动物，古语说得好："士为知己者死，女为悦己者容"，企业内部开展各种竞赛、设立各种奖项、颁发各种证书、公开口头表扬、上司经常和下属并肩工作等，都会起到意想不到的良好的精神激励效果。

4. 责任激励。有时候，一些能干的员工执行力差，是因为他们觉得自己从事的工作太简单，懒得去做。这种情况下，给他们压担子是最好的激励措施，唐僧如果让孙悟空去挑担子，他的执行力肯定不如沙和尚，因为孙悟空认为"俺老孙根本就不是挑担子的料"，而让他去当开路先锋，直面妖魔鬼怪的挑战，他就会越战越勇。悟空的强项是打妖怪，这一点沙和尚肯定不行，所以唐僧很会用人。

5. 人性化激励。如今"80后"渐渐被称为"大叔"，"90"、"95后"早已登上社会、职场大舞台，他们追求张扬个性、独立人格、崇尚自由，所以管理者必须转变激励方式，走进他们的心田、融入他们的生活、接受他们的行为方式，他们才肯为企业卖力。

当然，除了以上激励手段，对下属还要严格要求、令行禁止，才是率领团队的方圆之道。

新中国成立初期，南京军事学院首批入学75名学员，他们绝大多数是身经百战的师级以上的年轻军官（《亮剑》中的"李云龙"就是其中一员），这些青年军官大多农民出身，又长期生活在游击战的环境中，经常在深山、密林中同敌人作战，自由散漫、不拘小节，之前从来没有接受过正规教育。于是无故不上课、进教室上课随时开溜、上课抠脚丫子等现象时有发生。毛泽东非常关注南京军事学院的情况，对此类现象十分生气，他怒斥道"游击队不可冒'油'，野战军不能撒'野'"，于是，院长刘伯承决定严整校风，命令学员严格执行三大条令——《内务条令》《队列条令》《纪律条令》，这些军官学员们都是"懂事"的人，此后学院风气很快焕然一新。南京军事学院也成为中国人民解放军名副其实的将军摇篮。

十二、注重危机管理，妥善处理团队冲突

有人的地方就有江湖，有江湖的地方就会有冲突，有冲突就会有危机。危机管理是团队管理的重头戏。花开千日红，一场暴风雨，百花皆凋零。企业的业务好比百花园中的繁花似锦一派祥和，然而暴风雨随时会降临，危机随时会降临到企业头上。

任正非经常给员工敲警钟："如果有一天，公司的销售额下滑，利润下降，我们怎么办？我们的太平日子过得太长了，升的太平官太多了，这也许是我们的灾难。泰坦尼克号邮轮也是在一片欢呼中出海首航的……这一天一定会来到的。"

危机意识强烈的任正非对成功视而不见听而不闻，从来没有什么荣誉感、自豪感，在公众场合还经常自我解嘲地说自己"傻乎乎的，华为是只大乌龟，就知道爬呀爬"。危机意识是华为"狼文化"中的重要组成部分：狼有敏锐的嗅觉；狼小心谨慎又奋不顾身；狼善于团队作战。任正非甚至要求华为各部要"狼狈为奸"——既要有狼的敏锐、谨慎、不屈不挠，又要有狈的精于计算、深谋远虑。

一个人如果不能居安思危，危机来临时就会一筹莫展；一个团队如果没有危机意识，危机来临时就会手足无措。

危机和冲突谁都不喜欢，但又都不可避免。一群充满正能量的人在一起不一定就能组成正能量团队，他们必须经过长时间的磨合、打磨，经过冲突的洗礼才能形成一支高绩效的团队。

我们可以把冲突分为破坏性冲突和建设性冲突。破坏性冲突又被称为恶性冲突，冲突的对象往往对人不对事，只顾个人私利，不考虑整体团队利益，完全凭个人的好恶进行判断，这种恶性冲突也称为"小人之争"，"害群之马"必须剔除，"烂苹果"必须扔掉；建设性冲突又称为良性冲突，它往往对事不对人，冲突双方是完全站在团队整体利益至上看问题，其出发点是如何更有效的解决问题，不是以个人好恶进行评判，所以良性冲突又称为"君子之争"。

团队领导者必须善于区分团队中的破坏性冲突和建设性冲突。团队建设不可一味地追求和谐，这样往往会掩盖矛盾、规避问题，乃团队发展之大忌。

团队的核心是"人"，经营企业就是经营人心——有汉字学家分析企业的"企"字，如果拿走了"企"字上面的"人"就成了"止"，企业离开了人就会止步不前。没有一支充满正能量的团队，靠请专业机构策划、讲动人的故事、广告轰炸、融资等手段弄起来的"大企业"大多很难维持长久。团队训练、团队修炼、团队建设、团队管理是创业者带队伍的必修课，一刻都不能放松。

▶ **案例链接**：

《这是你的船》和团队建设

有一次，我为国家电网某企业做团队建设培训，该企业的一位HR总监送给我一本书《这是你的船》，当时我就被书的名字吸引了，一是因为自己在中国船舶工业系统工作多年，对船有着深厚而特殊的感情；二是因为父亲在五十多年前曾经是刚刚组建人民海军部队时的海军军人。培训结束后，我用一晚上的时间一口气把此书读完，颇有收获，现在，我把它整理成管理案例，和读者朋友们一同分享：

《这是你的船》的作者是迈克尔·阿伯拉肖夫，本书讲述的是他在美国海军担任驱逐舰舰长时成功管理水兵团队的故事，故事真实、生动、感人，既有故事的趣味性又有管理启迪作用。

这艘驱逐舰名叫"本福尔德号"，装备非常精良，是当时世界领先级的驱逐舰船，但是迈克尔接任该军舰舰长后发现船上的水兵个个士气消沉、怨声载道，非常讨厌待在这艘全世界非常先进的军舰上，他们甚至希望能够提前退役回家。迈克尔用了两年的时间将情况彻底得以改观，全舰三百多名官兵上下一心、士气高昂，通过多次参加战争向世界证明本福尔德号已变成了美国海军的一支王牌驱逐舰。

那么，迈克尔舰长做了什么？他是怎样管理这艘驱逐舰的呢？

首先，迈克尔发现，美国海军军舰虽然装备精良、世界领先，但是管理却比较落后，采取传统的"命令—控制"模式很难激发水兵们的热情和活力。迈克尔想也许给予他们较大的自由发挥空间，他们就会越严格地执行上司的命令。

以往美国水兵有个惯例，习惯做事情以前征求舰长的意见，虽然有些有独立判断力的水手对此不太情愿，但大家都这样做，他们也只好随大流。后来，迈克尔舰长告诉他们："这是你的船，所以你也要负起责任，你自己决定吧，让我们看看结果。"从那以后，"这是你的船"就成了本福尔德号驱逐舰的口号，所有水兵认为管理好本福尔德号就是自己的职责所在。

其次，迈克尔还研究了水兵们希望提前退役的首要原因，不是薪水太低，而是因为水兵们感到自己没有受到尊重，也没有机会深入参与到组织的生活和决策中去。后来，迈克尔逐渐地非常注意倾听水兵们的心声，从水兵们的角度看问题，把自己每次和船上的水兵接触当作最重要的事情来处理。

迈克尔舰长率先打破了美国海军多年来森严的等级观念。按照通常情况下的惯例，在每周的甲板聚餐时水兵们都排队取餐，军官可以不排队，径直走到水兵前面插队取餐，军官们取餐后可以到"军官专用"的甲板上就餐。迈克尔舰长取餐时排在水兵队伍中，从不插队，取餐后也不到军官就餐区就餐，而是和水兵们一起有说有笑地边聊天、边吃饭，这样一来在军官就餐区的其他军官就感到非常紧张，后来，船上所有人都排队取餐，军官就餐区也随之取消了，迈克尔舰长通过此举取得了水兵们的信任。

迈克尔还采用一切办法确保船上全体水兵上下级之间顺畅的沟通，让这些出身寒微的水兵感受到关怀和尊严，他鼓励水兵们互相批评，而且不能打击报复提出批评意见的人，曲身下士、接受意见，迈克尔要求自己首先要做到。有一次，一位水兵对麦克尔舰长说"长官，你今天的指挥有问题，给我们水兵带来了不少麻烦"，随后，麦克尔就仔细倾听了这位水兵的意见和建议，并感谢他的细心观察，开会时还对他提出了表扬。这样的事情在美国海军的历史上还从未发生过。

不久，"这是我的船"就深入每一个水兵的心，水兵们都自动自发地工作，并且更加卖力，再没有人要求提前退役了，还有人服役到期后还希望继续留在船上再工作一段时间。

在团队建设中，我们也可以把"这是你的船"的一些做法引入企业中并加以改进和优化，改变员工的打工心态为创新创业心态，企业老板可以大声地对员工说"这是你的公司"，充分发挥员工的主人翁意识。

同美国水兵们希望提前退役的原因极其相似的是，职场人士经常感到自己没有受到上司尊重，当今的企业中，辞职员工中有70%左右的人不是想离开公司，而是想离开上司或老板。

两千多年前，古圣先贤就提醒和告诫各级领导者："只可忧其责，不可乐其位"，等级森严的企业管理模式越来越受到员工们内心的抵制和无言的对抗，而教练式管理模式却越来越受到企业界的重视。

▶ 思考与探讨

1. 在企业内部组织学习《这是你的船（珍藏版）》（作者：[美]迈克尔·阿伯拉肖夫）一书，探讨美国海军的阳光管理法是如何改变士气的。

2. 教练式管理模式在团队建设方面给我们带来哪些启示？

第六章

教练式团队建设的九种武器

> 伟大的CEO就是伟大的教练，一切都源于教练式领导风格。
>
> ——杰克·韦尔奇

第31届奥运会临近闭幕的前一天，中国女排12年后王者归来，赢得了里约奥运金牌，这场中国女排和塞尔维亚女排冠军争夺比赛的电视直播收视率远超春晚的收视率。

取得如此佳绩，郎平教练功不可没，以往女排训练是半军事化管理，严格限制球员行动，在美国执教多年的郎平深知今天的女排姑娘们与30年前差异巨大，郎指导采取的措施是既要严格要求又必须人性化管理。姑娘们爱美是天性，在女排姑娘们眼中，在生活上，郎平是慈祥和蔼的"郎妈妈"，在训练场上，郎平是严肃严格的"郎教头"。郎平是一位优秀的运动员，也是一位卓越的教练员，更是一位杰出的教练式管理者。

在工商企业界，教练式管理正在席卷全球，教练式管理作为一种先进、高效、人性化的团队建设模式，已经被许多具有前瞻眼光的企业家所接收并践行，并且正在取得不菲的经营绩效。

企业教练技术体系是国内迄今为止最完善、最全面、最有效的关于个人成长、素质提升的管理课程，也是个人提升自我管理最有效的方法之一。它以理论和实践相结合的方式，通过体验式学习，让参加者建立教练能力基础，从而将其培养成一名具有教练能力的领袖。

与其他管理模式的不同之处在于，教练对象针对的不是管理制度、流程、生产设备，而是针对人。更准确地说，是针对人的态度。人本身就是一种资源，甚至可以说是世界上最大的资源，但如果不善于利用，资源就只是资源，只有善于运用，资源才能有效地转化为生产力。企业需要一套有效的管理技术实现从资源到生产力的转化，这正是教练技术发挥作用的地方。

企业教练将运动场上最精彩的部分移植到企业管理上，通过运用一系列的技巧和工具，让企业员工建立正面的态度，从而最大限度地提升企业生产力，最终取得成果。在传统的管理方式下，诸多问题都要反馈到领导的权威中，由领导层决策，这样可能导致企业对市场、对许多变化的反应跟不上节奏，甚至会错失良机。随着现代社会商业环境的不断变化，效率和速度显得非常重要，让所有员工充分地发挥潜在能力、提升创造力，提升他们的绩效已成为管理者的当务之急。教练技术的出现从某种程度上满足了这种需要，因此被看作一门激励管理者和员工潜能、提高效率的技术，受到了众多国际著名企业的青睐，事实也证明教练技术确有成效。

在企业中，领导人可以运用教练技术使企业运作更有效率，清晰企业或个人愿景，拥有发动团队的能力；管理行政人员可以运用教练技术推动团队及下属，拥有发动部署的能力；员工可以运用教练技术与客户有效沟通，拥有发动自我的能力。最终形成上中下协调平衡和整体互动的运动态势。

教练技术促进人与企业的共同成长，是企业成长的新引擎。作为达成企业愿景的一方面，教练式"系统管理"针对企业高层决策者、中层管理者、基层员工提出了相对独立又融会贯通的九点领导技巧，包括：挖掘愿景、设定目标、团队建设、制定策略、积极沟通、有效授权、资源整合、贯彻执行、创新思维，这九点领导技巧在人本教练管理系统里都能找到完整的解决方案。人本教练管理系统通过在企业里建立企业教练营运系统，帮助企业发掘、培养、运用教练资源，通过教练技术激发人力资源，增值人力资本，为系统管理的贯彻和实施提供智力支持。

一、当前团队建设遭遇的瓶颈和挑战

"老同志遇到新问题"的现象层出不穷，新问题总是令人眼花缭乱，而且越来越多，还越来越新，导致一些有多年带团队经验的领导者时常感叹"看不懂"，甚至感到"力不从心"，慨叹自己是不是"老了，out了"。今天的员工是怎么了？怎么就那么不好带呢？问题就出在这里，不是员工"怎么了"，而是自己"怎么了"，领导新生代员工，自己的老一套不好用了，也该升升级了，如果管理者拒绝升级，出路只有一个——被时代所淘汰。

各级带团队的领导者必须做到自我颠覆、从自身做起，因为，未来的世界毕竟是年轻人的，谁能够融入年轻人，谁才可能引领他们。以往的管理模式对于新生代员工正在失去昔日的作用，新生代进入职场履行职责是因为他们"愿意"，而不是"不得不"去工作，他们对工作拥有更多的选择权。

新生代员工与前辈们相比，至少有如下差异：

1. 他们普遍接受教育时间长，文化程度高，认为新的就是好的；

2. 他们的家庭经济条件一般较好，不用为生计发愁，自己舒服更重要；

3. 他们崇尚自由和个性，追逐自己的梦想，有抱负、有理想、有追求，信奉"我的地盘我做主"；

4. 他们不愿屈从权威，有自己的想法，吃软不吃硬，不太愿意"低调"；

5. 他们的职业忠诚度较差，对他们而言开心和兴趣往往比薪水更重要。

要想高效地带领这些新生代员工，必须熟识他们的主要特征，曾国藩有一句偏颇的名言："宁可不识字，不可不识人。"用人先识人，识人要客观，识人要全面，识人抓关键，识人要理性，识人要深入，识人要理智。

盖洛普管理咨询公司通过广泛调研得出结论，员工们选择加入一家公司的标准是看公司的行业地位、优厚待遇、社会口碑等，但最终决定他们在公司的工作绩效有多高和能够在公司工作多久，取决于他的顶头上司。

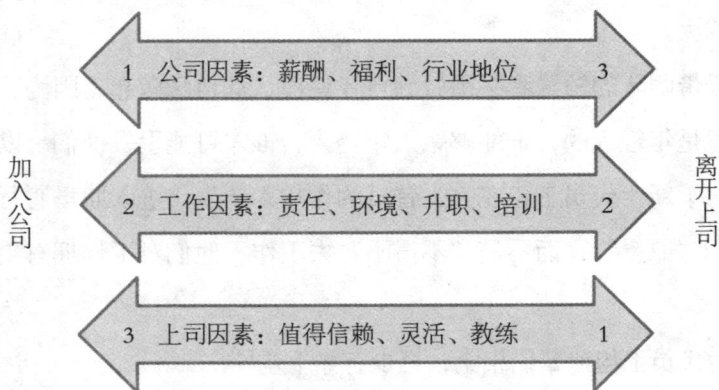

加入公司					离开上司
	1	公司因素：薪酬、福利、行业地位	3		
	2	工作因素：责任、环境、升职、培训	2		
	3	上司因素：值得信赖、灵活、教练	1		

图3　加入公司VS离开上司因素排名模型

从上图可以看出，员工选择进入一家公司首先考虑的是公司因素和工

889019012

作因素，最后才是上司因素；而离开一家公司考虑的首先是上司因素，其次才是工作因素和公司因素。可见上司的工作水平和方法是留住人才的首要因素。

事实上，员工是"带着问题"来工作的，那么他们是带着哪些问题来公司工作的呢？

1. 我清楚上司对我工作的要求吗？
2. 我有做好我的工作需要的资源和器材吗？
3. 在工作中，我每天都有机会做我喜欢的工作吗？
4. 在过去一周中，我得到了因为工作出色而被上司表扬吗？
5. 我的上司或同事关心我的个人情况吗？
6. 公司有没有人鼓励我更好地发展？
7. 在工作中，我感到我的建议受到重视吗？
8. 公司的愿景目标和使命使我感到我从事的工作重要吗？
9. 我的同事们是在致力于提高工作质量吗？
10. 我在公司中有一个最要好的朋友吗？
11. 在过去三个月中，公司内有人和我谈到我的进步吗？
12. 在过去的六个月中，我在工作中有机会学习和成长吗？

新生代员工通过内心的自我对话回答上述问题，最后决定自己的在一家企业的去留问题。现在许多企业都强调以人为本，主要是以人心、人性为本，管理者带团队就必须要熟悉人性，带团队的核心是带人心，教练式管理模式是通过更加人性化的手段带人心的团队建设新模式。

二、认识教练式管理起源，做教练型上司

管理教练的起源有一个颇具传奇色彩的故事，故事的主角添·高威率先将教练技术引入了企业界。

高威毕业于哈佛大学，曾经服役于美国海军陆战队，退役后成为网球教练。他宣称可以教一个从未学过网球的人20分钟内学会打网球。一家电视台找来一名笨拙的中年妇女来跟他学打网球，并对教练过程全称录像直播。高威告诉这名学员，只需要把目标放在如何把球打到对方的场地上，像玩游戏一样娱乐一下，不要考虑自己没有经验、动作不标准、不优雅。20分钟内，虽然这位女士打球动作不熟练、不灵活，但她确实学会了打网球。有人问高威他是怎样做到的，他回答："我仅仅是告诉这位女士盯住目标，并打消了她认为自己不会打网球这一内心顾虑，她就学会了。"

后来，在一些管理咨询机构的邀请下，高威教练为企业高管们讲授了如何为运动员创造适宜的环境、打消内心顾虑、提升运动成绩，而台下高管们密密麻麻的笔记中记录的却是如何把这种心理调适应用到企业管理当中、提升组织效率，于是，一种崭新的管理技术——教练式管理诞生了。

教练型上司关注的是未来的可能性，而不是过去的经验。管理教练的工作成果很大程度上取决于教练与被教练者之间的支持关系以及沟通的方式与风格，被指导者通过教练的启发自己获得对事实的认知，而非被简单地告知答案。教练型上司是在一个非压力的环境下，利用一系列引导性问题而非给予直接的建议与指导的方式，来帮助当事人分析和解决他们面临的问题，从而使上司和员工在深层次的信念、价值观、使命和愿景方面相互联结。

工欲善其事，必先利其器。GROW模型是教练型上司带队伍的第一把

"活扳手"：G—Goal，聚焦目标，就是明确在团队建设中我们要建设一个怎样的团队，明确理想的团队应该是什么样子的；R—Reality，洞察现状，明确当前可支配的要素、资源状况，以及与实现目标距离还有多远；O—Option，行动方案，明确通往目标的路径是什么，如何有效整合可支配资源；W—Will，强化意愿，激活原动力，冲破阻碍，获得支持。

教练式管理者在熟练运用GROW模型的基础上，通过明确任务、明确期限、明确结果、明确分工、明确责任、明确奖惩，全方位提升团队效能。

三、关注人　VS　关注事

在团队管理的人际沟通、部门协调工作中，我们经常听到"对事不对人"这样的话，但在教练式管理中，我们把"对事不对人"优化为"对人不对事"，也就是把"关注事"优化为"关注人"。

做企业首先要关注人，离开了"人"，企业的"企"字就变成了"止"，企业就会止步不前，长江后浪推前浪，止步不前很快就会被社会大潮淹没。只有抓住人这个根本，企业这棵大树才能枝繁叶茂。传统管理模式中比较多的是关注事，教练型上司则聚焦于从对事的管理转向对人的关注。

早在20世纪70年代，管理大师德鲁克就预言，未来的职场将是知识工作的天下，你很难知道坐在电脑前的员工是在思考业务项目还是在想象和情人约会的场景。管理者只有调动员工发自内心的工作积极性，员工才会产生一定的工作绩效。

教练式团队管理致力于在企业内部营造一种自由、积极、和睦、向上的文化氛围，从而激发员工的创造力。这区别于传统的管理者对员工采取的监督、命令、控制。传统管理模式的出发点是如何把事情做好、如何创造更多的利润、赚更多的钱。

在教练式管理中，员工成为被关注的主体，因此同员工的交流如称赞、谈话、沟通、幽默等技巧在教练式管理中变得尤为重要。只有当员工被充分关注、激励时，他的所有的主观能动性才会被调动起来，这一点与曾仕强先生的观点不谋而合，曾老师认为管理是一个"修己安人"的过程，所谓"安人"就是"使人安心"，只有"心"安了，"人"才会"安"。教练式管理非常强调通过充分关注员工，安抚员工的心，让员工安心、踏实地工作，企业才能长久地去赚钱。要想让员工安心，就必须洞察员工的工作动机是什么，因为每个人的需求不同，动机也会存在差异。

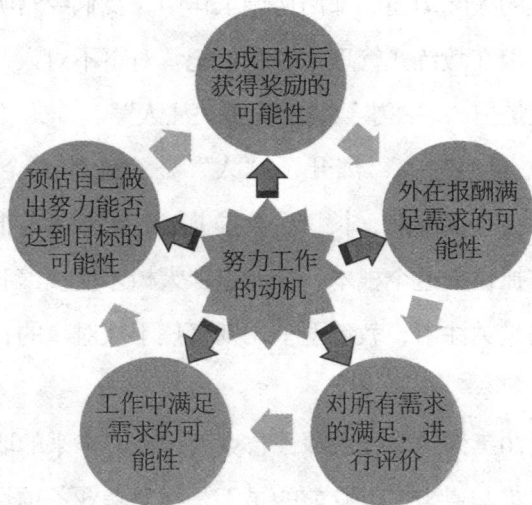

图4　员工努力工作动机模型

海底捞火锅店的经营成功让餐饮界为之一震，一个火锅店能在全国遍地开花，美誉不断，靠的是什么？其实，海底捞的成功秘诀也算是基于教练式管理模式，董事长张勇对员工的关注、关心、关怀是其他餐饮店老板所不能比肩的，张勇坚信，只有首先让员工开心、安心，他们才会让顾客开心，才能为顾客提供更好的服务，海底捞从不硬性地要求员工必须对顾客微笑，更不会教条地让员工笑对顾客时必须露出八颗牙齿。只要是发自内心的敬业、喜悦和笑容，员工就是一颗牙齿不露，顾客也能感觉到员工的热心服务，也能有如沐春风之感。

教练型上司古已有之。唐僧就是个好教练，他非常关心三个徒弟的个人生活，心中总是装着三个性格迥异的怪徒弟，比如，他们路遇猛虎，猛虎被孙悟空打死后，唐僧亲手为悟空缝制了一件虎皮裙；悟空猴急，唐僧就耐心开导他；八戒生性好吃懒做又好色，唐僧总是温柔地批评与呵护他；沙和尚天性木讷为人内向，唐僧非常信任他并经常给予他善意的指导和提醒。

三国时的刘备也是典型的教练型领导，他关心人胜于关心事，张飞醉酒丢了徐州这块唯一的落脚之地，非常后悔，欲拔剑自刎，被刘备劝住："徐州本来就不是我们的，得不足喜，失不足忧。兄弟如手足，手足断了不能接……"听了这番话，张飞能不死心塌地地为大哥卖命吗？

四、教练型上司的核心能力

在许多人心目中，上司的主要工作就是法号施令，指挥下属干这干那，谁干得好就表扬、奖励，谁干得不好就批评惩罚，其主要能力体现在领导力、管理能力、控制能力甚至个人魅力等，而教练型上司除了要具备上述能力的同时，还要具备倾听、提问和反馈三大核心能力。

1. 深度倾听能力

著名心理学家卡尔·罗杰斯说："每当我看到被人倾听和理解，我就可以用新的眼光看世界，并继续前进……这真神奇呀！一旦有人倾听，看起来无法解决的问题就有了解决办法，千头万绪的思路也会变得清晰起来。"

教练型上司的深度倾听可以鼓励下属自由、积极地表达自己的想法和情感，让被指导者感觉备受尊重。倾听才能获取有价值的信息，同时还会满足被倾听者的自尊心，倾听也是在鼓励别人说下去。

有一位有七年带团队经验的刘经理，特别不喜欢他的下属小王，企业教练和刘经理就有了这样的对话：

教　练：刘经理，能说说你为什么不喜欢小王的原因吗？

刘经理：我不喜欢他说话时的公鸭嗓，还有他说话特别爱拐弯抹角，绕来绕去，真急人啊！

教　练：嗯，那你有不喜欢的东西吗？

刘经理：有啊，我不喜欢辣的东西，比如辣椒。

教　练：那爱吃辣椒是不是错了呢？

刘经理：当然不是。

教　练：那吃辣椒有什么好处呢？

刘经理：有啊！听说吃辣椒可以驱寒、除湿、暖胃，还有美容，要不，四川、重庆怎么出美女呢？

教　练：你有没有发现，你不喜欢什么东西，不等于那个东西不对。是吗？

刘经理：嗯，我知道了……

刘经理一下开窍了，为什么有的人很固执？不善于聆听是一个很重要的原因，固执是一种人格缺陷，不善倾听是固执的罪魁祸首。西方谚语说上帝给了我们两只耳朵、一张嘴巴，就是希望我们多听、少说。深度倾听是个人修养深度的一个重要标志，深度倾听对人际关系紧张、谈话对象情绪波动时有良好的缓解作用。

2. 有效发问

古希腊哲学家柏拉图说："有时候提问比回答更重要。"提出一个有效的问题需要更高的智慧和思考，有时候答案就隐藏在问题之中。

善于提问、愿意倾听也是对下属的尊重和赏识，比如，神探狄仁杰经常问下属"元芳，你怎么看"，这句话并不是简单地把护卫元芳看作下属，而是当作伙伴一样有事征求他的意见，从某些方面看，狄仁杰也是一位教练型上司。

人类的内心深处都有一种逆反心理，不愿意接受建议，更不愿意接受命令；人类还有一种积极心理，愿意自己解决问题，探索未知领域。

每个人的世界都有自己的内在逻辑，无论旁人多么高明、智慧都不能改变自己的逻辑。但是，当你带着善意向他提问甚至以请教的口吻提问时，神奇的事情就发生了，当事人会听到自己内心的声音："我有能力靠自己解决他们提出的问题，我是被人看重的。"

因此，教练型上司的有效发问总能起到四两拨千斤的作用。刘备就是一位非常善于发问的领导，在重要关头，刘备总善于提出有深度的价值型问题，而军师诸葛亮则非常善于解决问题。然而，当刘备白帝城托孤后，诸葛亮主政蜀国，虽然鞠躬尽瘁，但事必躬亲的做法显然离教练型上司差得很远，所以，论出谋划策，诸葛亮技高一筹，但论领导力，诸葛亮显然比不上刘备。

3. 有效反馈

有效反馈首先是客观地回应、客观地观察，不带评判的观察是人类智慧的最高形式，它有助于人们看清事物的本质和全貌。如果没有有效的反馈，倾听和发问将失去应有的价值，许多领导者案头堆积如山的请示、报告因没有得到有效反馈，通常会使企业错失良机、让竞争对手抢占先机。

通常情况下，反馈分为积极性反馈和发展性反馈两种反馈模式：积极性反馈是通过对下属达标的行为结果给予肯定，增强下属的自信心和工作热情；发展性反馈是通过指出下属错误的行为以及需要改善的地方，帮助下属制定改进发展方案。

教练型上司的核心能力体现为高超的沟通能力，沟通能力是处理好上、下级关系的关键因素，教练型管理系统是更受新生代员工认同和尊重的领导模式。

五、教练的原则和方法

德鲁克在《他们不是雇员，他们是人》一文中指出："对于任何组织而言，伟大的关键在于寻找人的潜能并花时间开发潜能。"

有效开发员工潜能的前提是，上司必须相信员工们有能力和潜力把事情做好。成为教练型上司必须要遵循一定的原则，比如SET原则：

S—Support，上司支持下属实现组织目标；

E—Expect，上司希望下属自行探索解决问题的答案；

T—Trust，上司相信下属自身拥有巨大潜能。

教练型上司的工作前提是把自己定位于支持者，而非发号施令的司令官。员工不是单纯受程序指令控制的机器人，而是有血有肉有思想的人；教练型上司的工作重点是支持、帮助员工以最适合的方式去探索解决方案，而不是给他们标准答案和"锦囊妙计"；教练型上司的工作目的和本质是培养被指导者的觉悟力和责任心，帮助他们自行找到方法，实现组织的目标。

教练技术诞生三十多年来，其理论和方法论体系不断完善，概而论之主要包括五大方法：

表2　教练技术的五大方法

序号	名称	内容
1	心理动力法	主要针对人们对自己能力的曲解，发挥人们无意识的动能，以提高他们在工作、生活中的思考、感知和反应的能力。
2	行为主义法	教练的重点在于可观察到的行为，而不是对方的内在心理状况，并强化哪些积极的行为能使员工在人际沟通和激励方面更加有效。
3	以人为本法	人具有发展成长的潜力和动能，教练帮助员工从他人和自我两个不同立场看待自我，并积极行动，发挥自身内在潜能。
4	系统导向法	教练假设员工的行为不是内在心理的驱使，而是对各方工作要求的一种反应，这时教练就必须了解整体的组织功能，才能帮助员工以更有效的方式适应环境。
5	聚焦目标法	教练通过营造一个大家相信的环境，帮助人们设立个人和工作目标，更其通过自主学习、互相学习、互相支持以聚焦于目标的实现。

上述方法不是孤立存在的，管理者们在具体运用时可以根据企业的自身状况见招拆招、有机运用。

六、教练式管理 VS 传统式管理

十几年前，我在企业做市场工作，负责公司产品在广东省的市场拓展和市场管理。有一次我们去白云区一家新开业的沃尔玛卖场采购会务用品，我发现沃尔玛卖场购物通道的墙壁上有一张巨大的倒三角形组织机构图，机构图的最下方是总经理，最上方是基层员工，中间层分别分布着主管、经理、总监、副总等。当时我感觉很新奇，因为通常的组织机构图都是正三角形，老总们高高在上，俯视下方，下面是各级主管和员工等。后来才知道这叫教练式管理，位于倒三角形底部的上级是下级的支持者和帮助者。

教练型管理和传统型管理有诸多差异，可以予以对比分析：

表3　教练型管理者和传统型管理者对比表

序号	比较项	传统型管理者	教练型管理者
1	语言沟通	说的时间多	听的时间多
2	工作过程	指令多、监管多	提问多、沟通多
3	战略目标	强调自上而下	强调自下而上
4	命令传达	执行、服从	征询、参与
5	上下级距离	保持一定距离	短距离、亲和感
6	解决问题	要求解释，问责于下属	承诺共同努力
7	上下级关系	凸显不平等关系	不平等关系弱化

经过比较和研究我们会进一步发现，教练型管理与传统型管理相比有五个明显的差异：

1. 传统管理强调层级关系，认为维护上级的权威非常重要，上下级关系等级森严；教练型管理中虽然也存在上、下级关系，但上级的重要责任在于为下属提供支持和帮助，使下属的主动性和能动性得到极大释放。

2. 传统型管理者强调自上而下，却经常发现自己难以控制，因为企业越大，不可控因素越多；而教练型管理强调目标的自下而上，运用教练工具，找到关键点，人人都负责，就会减少不可控因素。

3. 传统型管理者强调下属无条件地甚至无原则地执行，对上级制定的解决方案下级要100%不走样地执行；而教练型管理围绕目标和要达成的结果，更强调让下级自己寻找解决方案，领导提供支持和帮助，大大提高了下级的成就感和参与度。

4. 传统型管理者更加重视整体利益，因而容易忽视个人利益，强调个人利益服从整体利益，下属甚至沦为上级实现目标的工具和手段，导致下级消极、被动、执行力差；而教练型管理中更加尊重组织成员的真实需要，明确下级完成任务后的回报和激励，他们将干劲十足，更喜欢在一定程度上冲击有挑战的工作目标。

5. 传统型管理中的管理者好为人师，喜欢告诉别人方法，并在一定程度上限制别人的独立思考动力；而在教练型管理中上级往往不给具体方法，只给发展方向，鼓励下级自我寻找方法、深挖潜能。

通过深入观察具体的企业运营，我们发现，越是在知识型员工、新生代员工聚集的领域和对创新、创造要求较高的行业，教练型管理模式取得绩效越明显，比如小米公司实行"三不原则"：不打卡、不开会、不洗脑，其宗旨就是充分发挥员工的创造力，不禁锢员工的头脑；在文化程度、技能要求较低的行业员工大多从事重复性劳动，企业对创新要求不高，在实际运用中，传统型管理模式比教练型管理模式效果更明显、更直接。

七、激发员工潜能，帮助员工学习成长

教练型上司在工作中更多的是扮演镜子和催化剂的角色，他们把自己定位于帮助员工成长和学习，更强调"授人以鱼不如授人以渔"，聚焦于交给别人如何播种、施肥、浇水等种粮食的方法，而非直接提供粮食。

如何更有效地激发员工潜能是上司的重要工作，激发员工潜能可以分四步走：

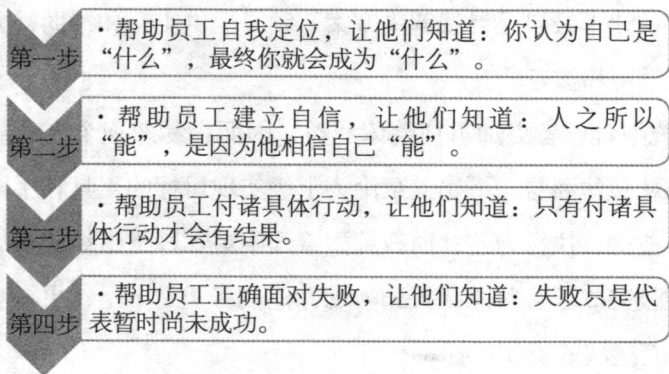

第一步 · 帮助员工自我定位，让他们知道：你认为自己是"什么"，最终你就会成为"什么"。

第二步 · 帮助员工建立自信，让他们知道：人之所以"能"，是因为他相信自己"能"。

第三步 · 帮助员工付诸具体行动，让他们知道：只有付诸具体行动才会有结果。

第四步 · 帮助员工正确面对失败，让他们知道：失败只是代表暂时尚未成功。

图5　激发员工潜能四步法

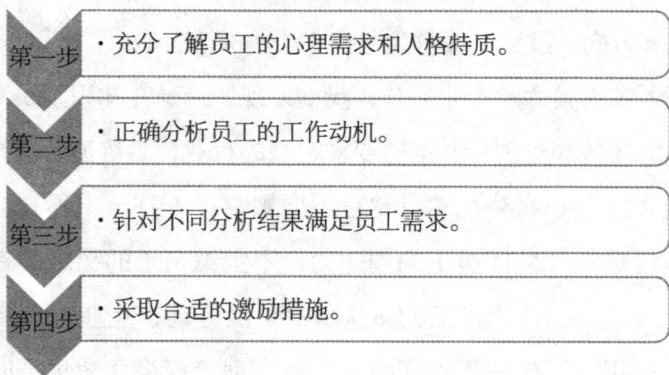

第一步 · 充分了解员工的心理需求和人格特质。

第二步 · 正确分析员工的工作动机。

第三步 · 针对不同分析结果满足员工需求。

第四步 · 采取合适的激励措施。

图6　洞察员工潜能四步法

团队中的每一个成员都有成长和学习的愿望，因此，激发员工潜能的有效方法之一就是帮助员工学习、促使其成长，可从如下七个方面着手：

1. 上司肯花时间和精力向员工明确表示愿意帮助其成长和发展；

2. 上司经常主动引导员工就某项工作问题的解决方案进行探讨，不随意批评和贬低员工。

3. 上司乐于为员工解决某一问题，提供必要的咨询建议和信息资源。

4. 上司相信员工是不可或缺的，并能保全员工的自尊。

5. 上司愿意聆听员工的心声，尤其是员工在工作中遇到困难或问题时能够对其提供必要的支持和帮助。

6. 上司用友好的方式和员工交换意见，力求不给员工造成太大压力。

7. 当工作中出现不利局面时，上司主动承担责任，而不是一味地责怪员工。

卓越的企业可以实现员工的三大愿望：**精神需求愿望+物质需求愿望+成长需求愿望**。这些愿望可以通过激发员工潜能，使其更好地为企业创造价值并实现效益，终极目标是员工和企业双赢。

八、实施教练式管理应注意的几个问题

虽然教练式管理是较先进的管理模式，但不一定适合所有企业或行业，在实施教练式管理新模式时应注意四个问题：

1. 企业自身状况和所在领域。并不是所有企业、所有行业都适用教练式管理模式，比如一些低端制造业、简单代工、传统农业、矿山开采等领域就不太适合教练式管理模式。

2. 员工的文化程度和需求状况。一些文化程度和综合素质相对较低的员工其工作需求动机往往比较单一，就是为了挣钱，他们没有关于在公司奋斗多长时间的规划，也不想谈什么理想、信念、成长和追求，只要眼前挣钱就好，认为企业的目标愿景、使命等和他们关系不大，他们对自身也没有什么职业发展规划，因此，教练型管理对这类人的意义不大。

3. 教练与被教练者的信任问题。人与人之间往往有一种莫名的提防心理，短时间内很难形成合作关系，尤其是被教练者对外来的教练往往不信任，需要时间培养信任，最终要让被教练者相信他自己才是这个过程最大的受益者。

4. 教练和被教练者的价值观差异问题。心理学家研究发现，在人际交往中，有80%的人会莫名其妙地排斥、讨厌你，而有20%的人会无缘无故地喜欢你、愿意帮助你。这主要是价值观在作祟。教练和被教练者的价值取向是横亘在教练式管理实施面前的一座高山，有时无论如何努力也难以逾越。

九、合理运用教练式管理，大力提升团队士气

克劳塞维茨在《战争论》一书中指出，在战争中颓势随时会出现，军事统帅必须懂得提升士气，并且能力挽狂澜地扛住排山倒海般到来的颓势，关键在于士气，组织间的竞争更多的是士气的竞争。

20世纪90年代末，中国保健品行业的先行者三株口服液因其"喝死人"事件被中伤后，销售额呈断崖式下滑，整个企业从上到下员工士气都异常低落。三株的当家人没有力挽狂澜企业于危机之中，庞大的三株大厦瞬间倒塌。再看数年前的王老吉和加多宝之争，大国企广药集团把"王老吉"这个凉茶的金字招牌拿走后，加多宝集团进行了高调打官司和铺天盖地的媒体报道，目的主要有二：一是积极回应危机，让世人知道今后的加多宝就是原来的王老吉，原来的配方、原来的人员、原来的生产线，一切都和生产王老吉凉茶一模一样；二是提升士气，加多宝企业被摘走品牌后员工们是何等迷茫和无奈，士气肯定是一落千丈，试想如果此时企业不声不响、也不闹出点动静来，团队士气还会继续低落，企业很可能面临生死

边缘。

对于一个人来说，"二气低落"比"能力差"还要可怕，可以说士气比能力更重要，两军交锋能力相近的情况下，士气可以为能力"锦上添花"。

那么，企业经营管理者应该怎样提升团队的士气呢？

1. 和员工心连心，互相支持将产生强大的气场，士气自然高涨。

2. 正气带来士气，浩然正气激荡的正能量可以为团队注入不竭的士气。反过来考虑，一个充满负能量、歪风邪气横行的组织只会带来邪气和泄气。3000年前，周武王伐商纣牧野大战前夕，数十万大军整装待发之际，占卜不利，狂风吹断帅旗，天降大雨，暴雨如注，出师非常不利，但箭在弦上不能不发。这时，姜太公正义凛然，大声疾呼："天降大雨，这是天洗兵！纣王无道，天助伐之。"浩然正气为大军注入了无尽的士气，牧野一战推翻了商朝六百年基业。

3. 鼓励PK，让士气经久不衰。在我所在的企业里，每年都会举办各种形式的PK赛，如乒乓球赛、篮球赛、足球赛、排球赛、拓展训练、业务竞赛大比武、竞争上岗等活动，都可以为企业注入活力、提振士气。

4. 口号的力量是巨大的，能够有效地提振士气，千百年来行走在长江边悬崖峭壁上的纤夫们以川江号子的呐喊声为自己单调的工作注入了多么大的力量啊；革命口号"星星之火可以燎原"为井冈山低沉的红军注入了多么巨大的能量啊。今天，企业的使命口号、学校的校训等同样能够为组织提振士气。

5. 上下同心，士气高涨，《孙子兵法·计篇》中开篇讲到"道者，令民与上同意也，故可以与之死，可以与之生，而不畏危"，说的就是上下同心、士气高涨的作用。

会提振士气是领导者的基本能力之一，毛泽东非常善于为人们"种植"士气，面对千难万险，他提出了著名论断："我们的目的一定要达到，我们的目的一定会达到，我们的目的一定能够达到。"这是具有何等的信念气魄，才能说出如此掷地有声、踏石留印的话语！

在技术、设备、质量趋同的今天，企业之间竞争取胜的关键因素就在于士气的比拼上。**在团队建设方面，理性＋士气＝强大的竞争力。**教练式管理模式是今后很多企业的管理方向，但教练式管理作为新事物，人们对其认识各有不同，导致当今有些人打着教练式管理的幌子故弄玄虚、招摇撞骗，以伪造、变形的教练技术迷惑人心。因此，企业在进行团队建设引进教练管理模式时应擦亮双眼，选择有价值的模式，指导企业健康发展。

▶ **案例链接：**

世界第一CEO，世界第一企业教练
——教练式管理：杰克·韦尔奇的经营秘诀

如今，已届耄耋之年的杰克·韦尔奇虽然已经从通用电气公司退休多年，但他依旧活跃在商界大舞台上，继续以一名企业教练的身份在工作，他是一名有着成功实践经验的卓越的企业教练，他说这是他最喜欢的工作。

时光如果倒转120年，正是托马斯·爱迪生发明电灯泡和创立通用电气公司的时候。120年过去了，许多当年知名的大企业已经销声匿迹，而通用仍然占据着世界第一大公司的位置。这在很大程度上要归功于它的首席执行官杰克·韦尔奇。

在过去二十年的潮起潮落当中，韦尔奇驾驶着通用这一商业界的"泰坦尼克号"不断获得新生。这家公司的市值从1981年韦尔奇接任时的120

亿美元已经暴涨到今天的2800亿美元，用"富可敌国"来形容一点也不为过。韦尔奇本人也被认为是本世纪最优秀的管理人员之一。

三十多年前，当杰克·韦尔奇接任通用的首席执行官时，摆在他面前的是一个"快要散架的庞然大物"。当时的通用内部到处弥漫着官僚气息，大企业的各和官僚并发症困扰着这个昔日无比强壮的"巨人"，机构庞大而且行动迟缓，管理手段陈旧，效率低下，巨额亏损。杰克·韦尔奇思索要用一种全新的管理模式来为企业注入活力，使这个即将倒地的奄奄一息的巨人重新站立起来，没错，就是用教练式管理模式。

杰克·韦尔奇认为，通用的成功再造是基于用教练式管理建立了一支成功的团队，其首要基础是"实话哲学"。杰克·韦尔奇说："在我所有的管理哲学中，最重要的准则就是：让每一个人都讲实话。如果让每一个人都能讲出心底的实话，企业就能发展得更加快速，也能减少不必要的损失。不要让信息不对称发生在企业内部。"

很多好的创意都来自第一线："要让第一线员工把意见和想法大声地讲出来，不管正确与否，都要认真倾听。他们最了解企业内部的问题，也最清楚市场动向。"

韦尔奇相信每一个通用的员工都是有思想的，都是愿意为公司做贡献的。于是，"群策群力"活动便在全公司展开了，这在通用的数百个分子公司开展将是一项工作量巨大的工程。为了确保大家畅所欲言，韦尔奇要求聘请外部教授主持"群策群力"活动，而不是由主管领导主持，员工们把自己看到的问题列成清单，认真的针对这些问题进行讨论和辩论，很多问题和方案慢慢地就水落石出了。

韦尔奇倡导的"群策群力"计划的做法是，针对经营中的问题和大家关心的事项，举行群策群力会议。开场白归经理，可以提出一个重要议题或安排一下会议日程，然后经理离场，让员工在没有老板的情况下畅所欲言。会议聘请外部教授专家启发和引导讨论，他们听员工的谈话不会别有所图，员工能没有压力而轻松交流，进而拉出问题清单，展开辩论。这种会议可以持续两三天，最后经理回来听取讨论结果。

倾听意见说起来容易做起来难，为了使"群策群力"不流于形式，韦尔奇要求，经理在会议结束时要认真对待每一项意见，当场给予是或否明确答复的数量不能少于75%，剩余不能当场答复的问题则约定答复时限，任何人都不能对这些意见或者建议置之不理。这样，员工可以看到自己的想法是如何变成现实的，这对消除官僚主义起着巨大的作用。

多年来，大约有20万通用员工参加过"群策群力"会议，有一位半生都在通用工作的电器工人说："25年来，公司为我的双手的劳动支付工资，而实际上，公司本来还可以拥有我的大脑，而且不用支付任何工资。"

韦尔奇强调，CEO应该能让每一位员工投入到工作中来，让员工把他们的智慧贡献给企业，不仅要用他们的体力劳动，还要用他们的脑力劳动，为企业的进步发挥作用。他提出，要做到这点，CEO首先需要善于接受每个员工、每个部门提出的想法，为企业发展注入活力和生机；其次要大肆宣传这些想法，让员工感到自己被重视，鼓舞他们的工作积极性。

开展"群策群力"活动再一次证实了一个真理：距离工作最近的人最了解工作。杰克·韦尔奇认为：每个人的想法都应受到重视，经理人是在"领导"而不是"控制"公司，他们提供的应该是教练式领导，而不是牧师般的说教。

韦尔奇非常喜欢并经常"深潜"，所谓"深潜"就是指公司领导人抛开自己的身份职位，走出办公室，选择一个具体问题，深入到基层与员工们进行商议，以求问题的解决。

"深潜"不是越俎代庖，不是越级管理，更不是干预下属工作。韦尔奇的"深潜"目的是帮助下属，反过来也能对中层提出更切合实际的要求。"深潜"不仅可以为解决相关问题提供必要的资源和支持，还能在精神上鼓舞士气。韦尔奇的乐趣和满足在于参与员工们的工作，和他们融合在一起、一起兴奋，一起就解决问题的正确方案展开争论，就像一个体育教练一样。

韦尔奇要求，通用的每一个企业领导都必须是"吹鼓手"和"啦啦队长"，并且总是要保持热情洋溢的工作状态。韦尔奇一直坚持只有集体智慧最大化，才能使通用真正走上健康发展的康庄大道，让每一位员工都自发地全身心投入到工作中才是作为CEO的"一大块工作"。韦尔奇说："缺乏坦诚精神会从根本上扼杀敏锐创意、阻挠快速行动、妨碍优秀的人们贡献自己的所有才华，它简直是一个杀手。企业中的每个员工都享有尊严和发言权。"

韦尔奇高瞻远瞩地看到，官僚主义企业管理体制已经没有生命力。未来的智慧公司组织必将是无层级、无边界的，是一个由更多的电子技术、更少的人员进行管理的信息网络系统，各种信息将变得更加透明，再也不会有某位领导能够一手遮天，坐在办公室的一隅就有法力无边的巨大权力。

当今是知识爆炸的时代，没有人能知晓一切答案，即使是领导。领导者要会用人，用合适的人，给人才以空间，这样才能充分激发人的创造力，才能留得住人，进而实现组织愿景和目标——管理最终的目的要通过人来实现。

杰克·韦尔奇的教练式领导实践主要包括如下内容：

一、团队的成功才是领导的成功。韦尔奇认为，一个人在成为领导者前后的思维方式是不同的，在成为领导者之前，成功的全部内涵就是提升自己，要考虑的是个人成就。在成为领导者之后，成功的内涵是提升别人，要考虑的是如何让下属更机敏、更成熟、更大胆、更有效。"作为领导，他的成功并不在于他每天在做什么，而在于团队的出色表现'反射'给他的荣耀。他不能在总想着'我怎样才能与众不同'，而应想着'怎样才能让下属把工作做得更好'。"只有团队的成功才能体现出领导的水平和能力。

韦尔奇的著作《赢》是经管类畅销书，韦尔奇说："作为一个领导者，不可挡在员工的路上，而是要栽培他们，让他们有机会赢，并且在适当时候奖赏他们。"

二、通用的梦想就是员工的梦想，让员工拥抱公司的梦想，并促进梦想的实现。为下属工作提供指导和帮助，鼓励、关心、赏识、赞扬员工。领导人必须把组织的使命传达给员工，只有这样，梦想才会从"纸张上跳出来"——进入员工的生活。

通用的梦想就是"赢"，他认为："在经济缓慢增长的年代，赢家往往是那些不断寻找并投身于前景良好的行业的公司，他们坚持在自己所在的每个行业不是第一就是第二。"在通用，人们对此耳熟能详，以至于它听起来不像是由很多字组成的，而只是一个字——"赢"。

三、向员工传递积极的活力和乐观精神。面对实际，掌控真相，积极乐观，韦尔奇说："通用员工必须看清世界的真实面貌，而不是凭他们想象或希望的样子。""管理和领导的艺术其实很简单，就是面对并看清事实，然后根据事实快速地行动。"领导者的言行举止直接影响着组织气氛。在任何团队中，上层人士的作风会感染每个人。一个朝气蓬勃的经理自然能带出一个散发着进取、向上精神的团队；相反，一个悲观阴沉的经理，手下肯定也会死气沉沉。"作为领导者，这意味着你要走出办公室，深入到大家中间去，真正关心他们在做什么，进展如何，带领大家一起翻越高山。"

四、胸襟坦荡，树立威望。建立别人对自己的信赖感。故作威严只会失去信赖。当领导人表现出真诚、坦率，言出必行的时候，信任就出现了。韦尔奇说："一个经理人要有一颗更开放的心，过去人们总是认为经理人理当比属下知道的多一些，这种老观念已经不合时宜了。未来的领导者应该做的是提出问题、加以讨论，然后解决它们。他们依赖的是互信而非控制，因此管理人要做的是真诚坦率的沟通，领导人要成为部属的教练而非牵绊者。"教练没有运动员跑得快，跳得高，但是他们明白如何让运动员克服障碍，跑得更快、跳得更高！教练型的领导者懂得要成为员工成长的支持者，而非员工的老师。

五、善于授权，才能激发员工潜能。"改善生产力过去是管理者的责任，现在则是全体员工的责任。开发员工潜能的方法，是去支持他们而不是阻碍他们。我的工作就是了解事实、挑战员工、授权去做。"员工的归属感从责任感中来，归属感产生自律和自驱力，并成为工作的动力，教练型领导懂得授权和挑战的艺术。韦尔奇指出，改善生产力过去是管理者的责任，而现在则是公司上下全体员工的责任。韦尔奇将此称为"充分授权"，他认为："开发员工潜能的方法，是去保持他们而不是去阻碍他们，不要让他们受到太多的约束，让他们自由发挥，把管理层级的束缚一层层剥掉，解开绑在脚上的脚镣，并去除横亘在他们之间的部门障碍。"这位超级经理人对他的工作的描述是："分配资源、金钱与观念，这就是我所有的工作。"从这里，我们可以清晰地看到一位超级企业教练的影子，他的工作就是：了解事实，授权员工去做。

六、拆除藩篱，才能建立信任。1993年夏，"拆除藩篱"成为通用电气的核心价值观，韦尔奇希望这成为公司上下的企业文化。"假如你是个封建主义者、以自我为中心、不喜欢与他人分享及共同研究构想，你就不属于这里。消除彼此间的壁垒，让我们得以互相批评，但又不会伤到和气，当有人开始圆场时，我们会彼此揶揄。"组织内部成员必须是不拘小节、轻松自在且彼此信赖的。分享、坦率地回应、彼此信赖、轻松自在，这种氛围不正是教练式管理模式所倡导的企业文化氛围吗？

七、尊重人，重视人，成就人。杰克·韦尔奇在各种场合强调对人的重视，简直到了痴狂的地步。他把一半以上的时间用在与员工的相处上："领导者不是在真空中领导，必须通过在组织内外与人沟通来帮助他们发挥自身的潜能，必须沟通、再沟通。"

此外，韦尔奇也深谙嘉许的重要性，他在通用创造了一种"便条文化"，对员工有好的表现给予热情的回应。据说他能记得1000名员工的名字，而且相当了解其职责所在。他给员工写的回应便条相当准确，有些职员甚至将这些便条珍藏起来，因为里面包涵了韦尔奇对员工的尊重、关注与承认。

韦尔奇一直在以一个超级教练的方式领导着通用电气，并创造了一个真正的学习型组织，成就了现在的巨无霸通用。韦尔奇教练不但创造了领导人自身的成功，更创造了企业空前的竞争力和规模，最重要的是他培养出的学习型团队是GE目前最大的价值所在。

八、速度、简单、自信。要想彻底改变文化，韦尔奇提出以下方法：超越奖励计划；超越教科书上的建议；超越个人拯救或改造公司的英雄主义。方法就是速度、简单与自信这三件事。当人们可以面对面在几分钟内做出决定，并因此省下员工数月的工作时间或是纸上作业时，速度就呈现出来了。"速度、简单、自信"的信念让我们能够培育出在释放员工惊人潜力的同时，又能展现出企业优势的工作观，假如我们能让员工知道，他们所做的一切对公司意义非凡，假如你我以及国内的企业领导者都能充满自信地让员工自由发展，并营造出这种环境，让公司的每个人能够清楚地知道其工作一整天下来所做的种种，与公司在真实世界的成败息息相关，那么我们的生产力便能够变得超乎寻常地高。"

　　九、教练式领导者的责任与担当，在韦尔奇看来，"领导者永不停息的责任在于，去除前进道路上的每个障碍物。他们首先要确立很清楚的远景目标，且具有真实性；领导者必须在组织中营造一种气氛，让他们不仅觉得自在，而且有义务向领导者要求一个清楚的目标。"这里说的"远景目标"就是我们所说的"组织愿景"，而领导者所营造的一种气氛就是轻松自在、坦诚、信任的教练文化。

　　毋庸置疑，杰克·韦尔奇是商界少有的成功企业家。他在接受杨澜访谈时坦诚地说道："我对这个公司的梦想已经基本实现。那些梦想是在1980年形成的，我想把这个公司建设成一个使所有人精神振奋的公司，让所有人都有一种当家作主的感觉，所有人都有激情，所有人都感到工作是一种乐趣而非负担。所有创新思路的价值都由其本身来决定，而非提出这种思路的人或他的地位决定。公司如果获得巨大成功，所有人都有一份功劳。"

▶探讨与思考：

1. 杰克·韦尔奇使GE起死回生的秘诀是什么？
2. 杰克·韦尔奇管理的教练之道的核心是什么？
3. 杰克·韦尔奇的成功对我们的启示是什么？

第七章 ·•••

团队情商修炼的十大招

一个人独处时情商好像没什么作用，但一旦要与人打交道、进行人际交往，尤其是正式加入一个团队后，在组织内部的交往中，情商的作用就会立马凸显出来。情商高的人处处受欢迎，做起事来往往得心应手，而情商低的人则会处处碰壁，做起事来总感觉别别扭扭。

"情商"二字是地地道道的舶来品，但有关情商那些事以及对情商的论述、实践和学说在我国源远流长，老子的《道德经》、孔子的《论语》及王阳明的《心学》中都对情商有过探讨。

1995年，美国学者丹尼尔·戈尔曼出版了《情感智力》一书，"EQ"一词迅速传遍全球，受到人们的广泛重视，一个人的情商不像智商一样可以测量，情商看不见、摸不着，但能感觉到。一个情商高的人魅力无处不在，人人都渴望提升自己的情商，鉴于此，本章提炼总结出提升团队情商修炼的十大招策略。

第一招　认识情商和智商

智商（IQ）反映了一个人的智力水平，具体包括观察力、记忆力、逻辑推理能力、思维想象能力等，属于一个人的理性能力；情商（EQ）是指一个人的情感智力，包括自我意识、自我管理、自信自尊、自我控制、道德良知、情绪心态、责任担当、沟通协调、善解人意、领导魅力和团队协作等，偏向于一个人的情感能力。

由此不难看出，情商的涵盖内容比智商要广泛得多、庞杂得多，所以很多人认为情商比智商更重要，那么，情商和智商有哪些区别呢？

1. 生理 VS 心理

一般来说，一个人的智商是与生俱来的，由大脑的固有结构决定，是爹妈给的，属于生理范畴，而情商更多体现为精神状态，属于心理范畴。

2. 先天 VS 后天

智商更多依赖于遗传因素，只能通过勤来补"拙"；而情商是后天的，虽然情商也受一些遗传因素影响，但通过训练能够显著提高，而智商在一生中变化很小。最新研究发现，人类的大脑主管情商的区域在20岁才能成熟，这就给人们提供了进一步修炼自己情商的机会。这解释了为什么有些人"懂事晚"，但这些"懂事晚"的人在情商方面往往会有较大幅度的提高，实际上，只要你愿意，一辈子都可以不断提高自己的情商。

3. 重要 VS 次要

在情商的提法尚未正式问世前，人们普遍认为智商是打开成功大门的金钥匙，在我的学生时代，父母经常对我们说"学好数理化，走遍天下都不怕"，"学好数理化"主要靠的是智商，脑瓜转轴转数不够你就是理解不了数理化的逻辑关系，但随着环境变化、时代变迁，世事越来越复杂，人们经常发现，许多非常聪明、脑瓜转得非常快的人却往往一事无成。相反，许多智力平平但情商很高的人士却能做出不平凡的业绩，甚至有专家研究得出结论说，美国前总统小布什的智商低于美国人的平均水平，但其超高的情商使他连任两届美国总统。电影中的阿甘虽然智商在75以下，但他取得的成绩同样令我们印象深刻。

4. 必然 VS 偶然

智商经常被人认为是必然现象，我们自己很难控制，而情商的偶然因素似乎比较大，在认识自己的前提下，发现自己的情商短板，可以有意识地积极地加以训练，沟通、自控、合作等能力都能够得以大幅度的改善。

第二招　修炼自控力

自控力是情商的主要表现，是指一个人对自己的言行举止、情绪心态和为人处世的自我掌控，具体表现为一个人对自己的心灵修养和社会实践的把控能力，我们可以从如下九个方面修炼自己的自控力：

1. 乐到极致沉住气

时时刻刻警钟自鸣于心，因为乐到极致可能生悲，人在志得意满之时往往喜不自胜，得意忘形，殊不知福兮祸所伏，祸兮福所倚。三国名将魏延在诸葛亮辞世后感到无比轻松，蜀国上下从此以后再也没有人有权管自己了，却在志得意满之时被杨议斩于马下。

2. 火烧眉毛定得住

静能升智，急则乱心。人在气急之时容易生乱子，尤其是在气急败坏时做决策是最危险的。曹操在赤壁之战前夕，由于自己的"老部下"都是北方人，不熟悉水战，所以任命蔡瑁、张允做水军都督。蒋干从周瑜处盗书回来后报告曹操蔡瑁、张允是奸细，与东吴秘密往来，有书信为证。当时正值清晨，曹操刚从睡梦中醒来，迷迷糊糊加气急败坏，立马把蔡瑁、张允二人叫来，不容二人说话就推出去砍头了，少顷曹操清醒过来感觉杀错了，上了周瑜的当，悔之晚矣。

3. 怒发冲冠藏得严

控制自己的怒气是一种修养，怒到发指还能保持有礼有节是涵养和智慧的体现。发怒之时，人大多很难保持理智，难免会做出糊涂事情来，尤其是不要在别人犯错时当场就大发雷霆，那样无异于拿别人的错误来惩罚自己，不是明智之举。

4. 委屈至极扛得住

中华文化自古讲究大丈夫能屈能伸方为英雄本色。忍常人所不能忍，方为智者、能者和强者，小委屈忍得了，大委屈能扛得住。比如三国时期的司马懿高龄时还甘当曹操的上马踏石，极度隐忍，终于导演了一场波澜壮阔的三国归晋之历史大戏。春秋时期越国战败，越王勾践去吴国为奴，为赢得信任，尝吴王夫差的粪便以帮其查清病因，卧薪尝胆的勾践终成笑到最后的一代王者。

5. 苦到心间吃得消

苦难是人生的主旋律，甜蜜生活如白驹过隙，苦难更利于一个人的成长，苦难使人生更有价值。俞敏洪在演讲中经常同听众分享其在北大求学的"苦难经历"，令人赞叹。杨绛先生也说过："太顺利的人生一定不精彩。"

6. 心烦意乱理得清

常听老人们说："要想赚钱，先学会耐烦，要想赚大钱，必须耐大烦。"世事变迁、沧海桑田。人生中总是麻烦不断，面对烦心之事，逃避肯定不可取，必须积极想办法理清理顺它们，想办法各个击破，你的功力会与日俱增，麻烦也就成了你向上攀登的人生阶梯。

7. 艰难困苦承受住

心灵上的痛苦往往比生理上的痛苦难承受，然而，经受艰难困苦的考验是人生的必修课，谁也跑不了。你要么战胜它，要么被它战胜，能否承受并重生全在个人的一念之间。

8. 英雄要过美人关

有位哲人说，人的一半是兽性，一半是神性，自控力强的人往往能用自身内部的神性战胜兽性。董卓和吕布都成了王允用美人貂蝉布下的美人计中的俘虏，结果贻笑万世。

9. 金山银山不乱心

人常说，人为财死，鸟为食亡。但人毕竟是万物之灵长，是有着高度自控力的高级动物，不可在金钱面前迷失自己，世界上有许多比金钱更重要的东西，关云长"还银于曹，千里寻兄"挂印封金的故事已成为千古美谈。

自控力是完全可以通过自身修炼而成的。

第三招 认识自我，理性处世

人贵有自知之明。认识别人易，认识自己难。兵法云：知己知彼，百战不殆。孙子论述战争谋略时把认识自己放在认识敌方前边，可见知己比知彼更重要，也更困难。认识自我是自信、自尊、自强不息、自我定位、自我管理的必要条件。

那么，我们如何认识自我呢？

1. 从"自我"中认识自我。遗传基因、生长环境、教育背景、工作状况、人际交往、性别年龄、性格特质、身体容貌等客观因素都是"自我"的组成部分，所有这些都是一面面镜子，帮助我们认清自我。

2. 从"我与他人"的关系中认识自我，一个人只有身处组织之中，通过他人以及人际交往才能更好地认清自己的本真，智慧的人能在复杂的人际关系中用心的向他人学习，不断修炼自己，提升境界和格局，获取更多的实践经验，人都是在不断的人际交往中认识自我的，一个人交往的人越多、交际面越广，就越能清晰地认识自己，此所谓"见多识广，方成英雄豪杰"。

3. 从"自我"与做事的关系中认识自我，智慧的人能从做事的实践经验中了解自己，我们可以通过自己过往所经历的事情，所取得的成绩，审视自身的优点和缺点，提升自己。毛泽东在回答外国记者关于取胜秘诀的问题时说道："没什么秘诀，我们是靠调查研究、总结经验吃饭的。"调查研究、总结经验可以很好地认识自我，这就是方法论。对自己过往经历过的事情加以提炼、总结是修炼"真功"的好办法。

认识自我，理性看待人与人之间的差异，每个人都是一个独立的个体，世界上没有两个个体是完全相同的，不要强求别人和我们一样。著名学者费孝通提出的"美人之美、各美其美、美美与共、世界大同"，也是老先生的处世之道。正是因为认清了自我及人与人的差异性，才能做到常怀一颗包容之心，理性地看待他人的处世方略，我心自安。

第四招　享受孤独，独立思考

独处是成人的必修课，享受孤独是一种人生境界，几千年来，古代帝王们皆自称"孤"。帝王心，深似海，也许因此，帝王们是孤独的，守得住孤独方能成就丰功伟业，乾隆皇帝治理国家的很多时间是在静寂的香山度过的，而不是在繁华的北京城。

在漫长的人生道路上，鲜花和掌声大多是短暂的，独处是长久的、常态化的状态。人生只有经历一段低谷、一段蛰伏期，才能迎来面朝大海、春暖花开般的心旷神怡。所以，孤独是情商修炼的肥沃土壤，在孤独中磨砺自己，能觉知自我对自身情绪的掌控，在孤独中保持一份清醒的思索，EQ也会在孤独中得以升华。

诸葛亮在《诫子书》中讲："夫君子之行，静以修身，俭以养德，非淡泊无以明志，非宁静无以致远，夫学须静也，才须学也。"《大学》有语："大学之道，在明明德，在亲民，在止于至善，知止而后有定，定而后能静，静而后能安，安而后能虑，虑而后能得，物有本末，事有始终，知所先后，则近道矣。"

古圣先贤非常注重为学之静，孤独是造"静"的绝佳手段，当今社会大力倡导工匠精神，精益求精、追求极致、孜孜不倦，才能制造出无以伦比的产品品质，优秀的工匠大多是享受孤独的"高人"。工匠们独具匠心，在享受孤独中制作出无数的精品、佳品、绝品。

享受孤独，修炼"坐冷板凳"的功夫，是提升思考力和自控力的必由之路。孤独生静，静而生慧。享受孤独、独立思考，清华哲人陈寅恪也提倡大学之道，重在"独立之精神，自由之思想"。老一辈无产阶级革命家习仲勋在被停职的17年间，限制活动范围，常常独处一室，他给自己定下规矩，每天在室内以肩膀撞墙一万次，在这个过程中他会静静地思考，思考的习惯一直保持到改革开放后重新履职。

第五招　乐观进取，心怀希望

乐观的人往往能够从绝望中看到希望，悲观的人从希望中想到的却是绝望。人们在春天种树，种下的不仅仅是树种，种下的更是希望。

《肖申克的救赎》中男主角安迪含冤入狱，受尽折磨，他性格内向，不善言谈，但他的身上有一股充满希望的魔力，感染了狱友，感染了瑞德，也感染了每一位观众。他在大雨滂沱的夜晚从密道中冲出来，拥抱蓝天、大海和一叶小舟，他重获自由，他本来就无罪。表面沉闷的安迪内心满怀希望，身陷囹圄仍能乐观而非悲观地度过牢狱生活。

希望是神奇的东西，希望是乐观的源头活水。乐观的人绝非盲目乐观，同时，还会正视自己的缺点，情商高的人更善于自省，古圣先贤讲究一日三省。人非完人，有缺点在所难免，只有善于自省，才能正视并发现缺点，并且及时修正、完善自己，这是一条没有尽头的情商修炼的康庄大道。

第六招　心态平和，情绪稳定

心态是一个人最明显的情商表现，领导者的心态对团队绩效尤其重要，有研究表明，情商对领导者的影响是智商的九倍，领导者垂头丧气的心态对团队士气具有致命的杀伤力。

"心安理得，海阔天空"，这句话是梁启超的座右铭，西方也有谚语说"不要为打翻的牛奶而哭泣"。人在江湖，职场竞争、成败得失不可避免，不如意事十有八九。赤壁之战大败之后，曹操率领残兵败将逃跑华容道，发出三声大笑，虽然每次都笑出了敌人的兵马，但笑声却为愁云惨淡的部队注入了活力和生机。

心态有时比能力更重要，西游记中如果缺少了猪八戒这个活宝的角色，西天取经之路定会黯然失色，因为心态无比阳光的二师兄给漫漫取经路上的师徒四人平添了无尽的乐趣。

相由心生，境由心造，心态平和，泰而不骄，情商自高。

拥有阳光心态的人大多不会患得患失、怨天尤人，情绪稳定是他们的共同特质。一个人如果不能控制自己的情绪就会被别人控制，高情商者不会让情绪像脱缰的野马拽着自己的身体狂奔。越是危急时刻，越需要保持稳定的情绪，这就是大将风度。

第七招　领导情商高，魅力更无穷

领导者的责任越大，情商的能力就越发重要。情商的英文本意是Emotional Intelligence，直译就是情绪智力，也可简称为"情智"，"情"在先，"智"在后，可以说情商比智商更重要。但我国的情商教育在基础教育阶段基本处于空白状态，因为有高考这道人生门槛，所以人们在中小学阶段主要拼的是智商，比的是谁聪明、会做题；在硕士、博士阶段拼的是智商＋情商，参加工作后拼的主要就是情商了。

对于带团队的领导者而言，情商对他们的作用比对一般人更重要，情商最能反映一个人在团队中号令群雄的本事，古今中外的领导者职位越高，其智商和技能的重要性就越发不重要，情商缺乏的人无论接受过多好、多高的教育，头脑多聪明、思维多敏捷、创意多无穷，也难以成为杰出的领导者。

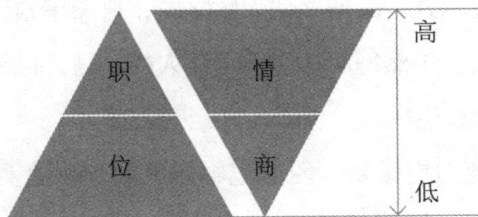

图7　情商与职位的需求关系模型

根据情商方面的不同表现，领导者一般会呈现五种领导风格：

1. 专制高压型领导

这种类型的领导推行"恐怖统治"，独裁专断，动辄大声训斥下属，在这样的领导手下工作，人人噤若寒蝉，小心翼翼，不敢越雷池一步，员工或下属的创新能力被扼杀殆尽，效率低下，一旦经营困难，组织和团队很容易树倒猢狲散。秦始皇、商纣王就是典型的专制高压型领导，一贯采用"恐怖统治"独裁政治，促使了庞大的王朝帝国顷刻间土崩瓦解、灰飞烟灭。

2. 权威型领导

不同于专制高压型领导，这类领导者很善于运用手中的权威调动团队的干劲，促使员工以最大的热情为组织的目标和战略服务，他们既高瞻远瞩又不脱离群众，鼓励员工自由创新，是工作效率较高的一种领导方式。杰克·韦尔奇就是典型的权威型领导，他的一系列改革举措使接手时庞大而奄奄一息的通用电气重新恢复了活力。

3. 教练型领导

这个类型的领导者的最大特点是善于授权，习惯给下属布置颇具挑战性的任务，自己愿意为下属提供帮助下属成功的一切支持，在执行过程中允许并包容下属的一些小失误。孙权就属于教练型领导。在夷陵之战前，孙权全权授权年轻的陆逊任大都督和身经百战的刘备开战，陆逊不负重托，赢得了战争的胜利。

4. 亲和型领导

亲和型领导的最大特点是"员工为先，以人为本"，注重个体情感甚于注重目标和任务，他们追求的是员工的满意和团队的和谐，大力倡导成员间互相鼓励、分享智慧，团队氛围其乐融融。刘备就是典型的亲和型领导，徐庶的老母亲非常欣赏和敬佩刘备"礼贤下士"，并责备儿子"弃备投操"，气愤地悬梁自尽，自此有了"徐庶进曹营一言不发"之说。刘备重情义，在二弟关羽被东吴斩杀消息传出后，刘备准备御驾亲征，率倾国之兵征讨东吴，赵云、诸葛亮力劝刘备不可欲报私仇而废公，这时刘备说："不为兄弟报仇，纵有万里河山又有什么用？不要再谏！"

5. 民主型领导

民主型领导允许员工对自己的任务目标、工作方式进行发言，提高员工的责任感和工作灵活性，发挥员工的长处和优势，士气高涨。刘邦是典型的民主型领导，他让萧何、韩信、张良等一班文臣武将尽情地发挥才能，刘邦善于问下属"为之奈何"，这时下属总能找到办法解决问题。狄仁杰也善于问"元芳，你怎么看"，也属于一位民主型领导。

在实际工作中，各种领导风格往往交织在一起才能实现效能的最大化。掌握三种以上尤其是权威型、教练型、亲和型领导风格者的组织绩效最高。

第八招　修炼情商 身心健康

是人都有七情六欲，七情指喜、怒、哀、乐、爱、恶、惧，六欲指眼、耳、鼻、舌、身、意。它们都和情商密切相关，七情六欲关乎着人们的身心健康。

情绪和人的身心健康是因果关系，情商高的人往往较普通人健康、少生病。现代人一年所经历的变化相当于先人们一百年才能经历的变化当量。当今社会，物质丰富、信息爆炸、选择和诱惑应接不暇，多则惑、少则明，此种现象导致现代人思绪烦乱、心潮难平，心理经常失衡，亚健康现象比比皆是。

中华传统中医理论认为过喜伤心、过怒伤肝、过思伤脾、过忧伤肺，许多癌症患者不是被癌细胞打败，而是由于情绪不畅而亡；相反，如果得了癌症仍能保持情绪安泰、心态平和，往往仍可以快乐地生活。共和国著名演讲家李燕杰先生被查出患膀胱癌后，经过合理治疗和自我调整，二十多年过去了，李老师至今还在讲台上演讲，可见情绪对于身心健康的调节是多么重要。

积极的情绪可以增强人的抵抗力，消极的情绪则会削弱人的抵抗力，悲观的情绪对身体的免疫力杀伤性尤为巨大。三国名将东吴大都督周瑜，玉树临风、文武双全，然而因嫉妒多疑、心胸狭窄抑郁而亡，死得糊涂，实在可惜。

就是智慧绝伦、光耀历史星空的诸葛亮，也因为急于光复汉室，日夜思虑、食不甘味、寝不能安、六出祁山，遭遇老谋深算、极善隐忍的司马懿高挂免战牌，诸葛亮所率蜀国大军欲战不得、欲退不能，导致诸葛亮心力交瘁、食少事多，在遗憾中撒手人寰，接下来司马懿便导演了三国归晋的历史大戏，可见，只有心理强大的身体才能支持"心大"的事业。

第九招　坚持运动　锤炼情商

如今社会上得抑郁症的人与日俱增，但往往不会听说哪个运动员或喜爱运动的人士得了抑郁症。

如今，亚健康是职场人士的一种常见状态，身体虚弱，无端烦躁，沮丧不畅，总感觉事事不顺心……同时我们环顾四周，就会发现那些经常运动的人士很少亚健康（尤其是到大自然中运动），他们大都身体康健，吃嘛嘛香，身体倍棒。2016里约热内卢奥运会上，20岁的游泳运动小将傅园慧的表现及乐观的心态为人们留下了深刻印象，她用尽了"洪荒之力"才得了铜牌也很满意，面对媒体不想卖弄眼泪，既感性又理性的傅园慧的情商一定很高。

运动是指需要动手动脚动身体的活动。运动医学专家发现，当一个人承受心理压力较大时，血液从身体肌肉和皮肤表层向内流，产生压力化学物质，并聚焦在身体的中心部位，这时就会出现心跳加快、腹部不适以及食欲不振、失眠健忘等症状，而此时若走出户外、走进大自然活动四肢，这些血液中产生的化学物质就会被迫流回肌肉和皮肤表层，随汗液排出体外，这时全身就会感到舒畅愉快，心理压力大大缓解，灵感时有闪现。

第十招　社会责任，共同担当

社会责任是一个很大的话题，与每一个人息息相关，什么叫社会责任？我认为，社会责任就是我为人人、人人为我，通俗地讲，就是我付出、我索取、我回报。

经济学家亚当·斯密是市场经济理论的开山鼻祖，在其经典著作《国富论》的指引下大英帝国迅速富强起来，然而几十年后，斯密老师发现如果人人都只考虑自己的利益最大化而忽视社会责任，就会导致严重的社会问题，接下来他又呕心沥血地写作了《道德情操论》，用鸿篇巨著论述道德和社会责任的重要性。

一个人的道德和社会责任是情商的重要表现，尤其是对掌控社会资源和市场发展命脉的政治家和企业家而言，如果他们失去社会责任感和自我道德的约束，那么他们对社会的破坏性一定是让人胆战心惊的。

人类只有一个地球，人们对地球的社会责任感越强，就会越感到安全和舒畅，人类就能更长久幸福的生活。

本章所述的团队情商修炼十大招，需要读者朋友们见招拆招，活学活用，用到炉火纯青、信手拈来时，你就会成为情商高手。人在团队，身不由己，修炼情商，如鱼得水，利人利己利团队，同舟共济奔未来。

▶ 案例链接：

爱迪生与特斯拉的情商分析

世人皆知，爱迪生是伟大的发明家，爱迪生的智商非同一般，只有不多的人知道爱迪生还是一位了不起的企业家，爱迪生的情商较普通人也技高一筹，他一手创办的企业——通用电气如今是世界巨无霸型跨国公司。爱迪生的文化程度并不高，但他对全人类的贡献却如此巨大，除了因为他有一颗好奇的心、一种亲自试验的本能，还因为他具有超乎常人的用于艰苦工作的无穷精力和果敢精神。

今天，许多人听到"特斯拉"三个字时会把它同电动汽车联系起来。实际上，特斯拉也是一位伟大的科学家的名字，只是知道他的人不多，特斯拉年轻时受过良好的教育。有人说，特斯拉的智商超过爱迪生和爱因斯坦，有"交流电之父"美誉的特斯拉对人类的贡献甚至超过两位"爱先生（爱迪生和爱因斯坦）"，但他的名气却远不及两位"爱先生"。为什么会这样呢？有人说是因为一些外部打压和封锁因素所致，实际上，这种结果也和特斯拉自身有着密切的关系。

特斯拉一向离群索居、独来独往，不太善于社会交往，当时有些人认为特斯拉如同巫师一般。而爱迪生有着良好的人际交往，无论是同下属沟通，还是同社会交往，抑或同政府来往，爱迪生都游刃有余，可以说爱迪生是一位"文武双全"的发明家和企业家。

作为交流电系统和无线电广播的发明人，特斯拉已经足够可以被称为

"史上最伟大发明家"了，更何况他还最早实践了无线传输电力、雷达、机器人、定向能武器和尼亚加拉水电站等重大技术，他甚至预见到人类和外星人交流的前景，还认为可以发明一种机器，接收从宇宙传来的能量。但是这样一位伟大的科学家为什么没有被多数人所知呢？这和他古怪的性格有直接的关系。据说特斯拉可能患有强迫症。在1914年，特斯拉迷上了"3"，在进入一座建筑之间要先绕着它走三圈；在吃饭之前一定要先要三叠餐巾纸。他终身未娶，并且说"童子之身"对专心于科学研究大有帮助。特斯拉喜欢养鸽子，其中有一只很漂亮的鸽子和他形影不离，特斯拉说他和这只鸽子"像男女一样相爱"。

特斯拉的大多数理论都符合科学原理，但是他古怪的人格却让他披上了神秘的外衣。他也因此在大众文化中扮演了重要的角色。特斯拉"凭空视物"的本领，让宣扬宇宙中有"隐藏的知识"的人有了论据；他的电磁理论，让"UFO学者"可以解释飞碟悬空的原理；还有人说，著名的"通古斯大爆炸"正是特斯拉定向传输电能实验的"副产品"。实际上，让特斯拉在当代越来越出名的正是他的"巫师"形象。

爱迪生的高情商体现在他面对挫折时能保持乐观精神。爱迪生一生遭遇过两次火：第一次火灾是十几岁的时候，他在铁路上做小工，一天在车厢里做实验不慎引起火灾，主人狠狠打了他一巴掌，从此他就落下耳聋的终身残疾，但耳聋并不能阻碍他对发明的渴望和好奇心；第二次火灾是1912年，他在自己的工作室研究无声电影试制镍铁电池时引发了火灾，大火着实凶猛，把实验室烧成一片瓦砾，爱迪生研究无声电影的所有资料和样板都烧成灰烬。爱迪生却对儿子说："快去叫你妈妈古来观看这壮观的大火场面吧，它可是难的一见啊----"，他的老伴难过得哭了出来："多少年的心血，叫一场火烧了个精光。而今你已经年老力衰，这可怎么办啊？"爱迪生也很伤心，但他绝对不会就这么放弃。发明电灯时，他先后试验了7600多种材料，失败了8000多次，仍不气馁，终于获得成功。眼下这场火灾同样也不能使他后退。爱迪生对老伴说："不要紧，别看我67岁了，可是我并不老。从羽天早上起，一切都将重新开始。"爱迪生还很乐观地说："这样的大火，百年难得一见。"第二天就招集职工们宣布："我们重建！"

英国皇家学会会长洛奇称他是"世界上最伟大的人物"。

美国总统胡佛说："爱迪生是美国最负盛名的人，是美国的国宝，也是人类的恩人。"

关于爱迪生和特斯拉，也是一对天才加冤家。特斯拉是塞尔维亚裔美籍发明家、物理学家、机械工程师、电机工程师和未来学家。特斯拉在电磁场领域有着多项革命性的发明。他的多项相关的专利以及电磁学的理论研究工作是现代的无线通信和无线电的基石。

1884年，特斯拉第一次踏上美国国土，来到了纽约。其前雇主查尔斯•巴奇勒所写的推荐函给托马斯•爱迪生的，信中提到："我知道有两个伟大的人，你是其中之一，另一个就是这个年轻人了。"于是爱迪生立即雇用了特斯拉。

1919年，爱迪生告诉特斯拉，如果他完成马达和发电机的改进工作，爱迪生将提供给他惊人的5万美元（相当于今天的一百万美元）。工作持续了将近一年，他成功了，使爱迪生公司从中获得巨大的利润和新专利所有权。当特斯拉向爱迪生索取5万美元时，爱迪生回答："特斯拉，你不懂我们美国人的幽默"。随后，当特斯拉要求每周从18美元加薪至25美元遭到爱迪生拒绝后辞职。

从此，这两位天才发明家开始了数十年的"较劲"。交流电将人类带入了第二次工业革命，而这个功劳无疑应归属于特斯拉。人无完人，爱迪生一生中也犯过无数的错误，晚年的爱迪生在谈到这个话题时，他认为自己犯的最大的错误是从未尊重过尼古拉特斯拉——这位前半生的朋友和后半生的对手。

许多新闻报道："爱迪生与特斯拉因在电力方面的贡献而共同获得诺贝尔物理学奖，但两人因不能共同分享这份荣誉而拒绝颁奖。" 1912年特斯拉获得诺贝尔奖提名时，曾经用好友马克·吐温那里学来的借口拒绝道："娶回一个老婆如何能两人一起共享，特别是与一位骗徒窃盗惯犯共享岂不危险？"可见两人积怨之深。

特斯拉的梦想就是给世界提供用之不竭的源泉。特斯拉从不在意他的财务状况，于穷困且被遗忘的情况下病逝，享年86岁。特斯拉一生的发明见证着他对社会无私的贡献。虽然他一生致力不断研究，并取得约1000个专利发明。但他晚年却是穷困潦倒，长年经济拮据。虽然，有不少企业家利用了这位天才科学家的爱心和才华，骗取了他的研究成果和荣誉，可是晚年的他依然为着人类的幸福而努力研究和发明。

1929年10月21日，在电灯发明50周年的时候，人们为爱迪生举行了盛大的庆祝会，不幸的是，在这次庆祝大会上，爱迪生由于过分激动突然昏厥过去，从此他的身体每况愈下。1931年10月18日，这位为人类作过伟大贡献的科学家因病逝世，终年84岁。

爱迪生的发明和贡献无需赘述，地球人都知道，但特斯拉的贡献知道的人并不多，直到一辆叫"特斯拉"的汽车诞生，世人才惊奇地发现了他的伟大。

毫无疑问，在情商层面，爱迪生比特斯拉确实技高一筹。

▶**思考与探讨**：

1. 为什么爱迪生比特斯拉更为人所知？

2. 爱迪生身上有哪些优点？

工匠精神篇

工匠精神的核心是静心；

工匠精神的深刻内涵是专注；

每一个人、每一个企业都需要工匠精神。

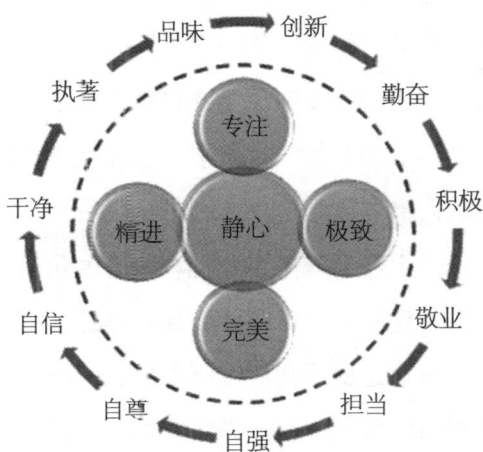

工匠精神轮盘模型

第八章

匠心筑大道——为企业注入长寿基因

据韩国中央银行的一项研究报告统计，世界上持续发展200年以上的企业日本占比最多排第一位，其后是德国。

我国权威部门发布的数据是中国私营企业的平均寿命只有2年零9个月，集团企业平均寿命为7～8年，而欧美企业的平均寿命是40年。

虽然造成我国企业"短命"的原因可以"装满一火车"，但主要原因之一就是企业内部从上到下都缺乏工匠精神，很难专心致志、精益求精、踏踏实实、诚心实意、平心静气地做事。工匠精神是做事的底线，底线被突破了，诚信自然会出问题。

人心浮躁、虚火上攻，许多企业把本该是主业的事业弃置荒废，而热衷于投资理财、资本运作、上市圈钱，异常浮躁，结果无比空虚，难道这就是价值体现吗？难道这就是我们经济发展的主旋律吗？种种乱象困扰着我国经济的健康可持续发展，我们说实业报国、实业兴国、实业富国、实业强国，做实业绝对离不开工匠精神，尽管社会浮躁，依然有人在坚守制造业，应该为他们点赞，是这些人撑起了国民经济的脊梁。吉利汽车集团公司董事长李书福在2016年两会上接受央视记者采访时悲怆地说道："我们做汽车的，坚守制造业，辛辛苦苦一辈子，不如人家在资本市场上讲个小故事。"会在资本市场讲故事的人能挣钱，但未必能创造价值，坚守制造业的人未必能挣钱，但一定能创造社会价值。

阳光总在风雨后，李克强总理在2016年的政府工作报告中首次提出要在全国各行各业大力弘扬工匠精神，做企业、做事情必须脚踏实地、精益求精、创新发展，增强经济的可持续发展能力。

一、寻宗墨子，探秘工匠精神之源

诸子百家离普通百姓最近的圣人就是墨子，毛泽东评价"墨子是劳动者，不爱做官，墨子是比孔子更高明的圣人"，和百姓最贴心的圣人就是墨子，墨子集君子之道和百工之道贯通于一炉。

墨家是天下百工之家，墨子不仅在光学（小孔成像）、几何学、力学等自然科学领域开创先河，并且尊崇大禹之道，苦心戮力，身行千里，把科学技术转化为生产力，还发明了云梯，史书记载墨子制作的木鸢在天上飞了一天一夜（亦有三天三夜之说）才掉下来，是人类历史上最早的飞行器。

出身木匠的墨子从小身处社会的最底层，生活虽然艰苦，但他乐于钻研技术，做车辖能够"须臾刘三寸之木而任五十石之重"（用三寸长的木销钉增加大车50石的载重量），可见墨子确实是能工巧匠。墨子身为百工之匠更懂百工之苦，知道百工之长和他们的重要作用，也更注重现实，因此，墨家的"草根显学"更接地气、更具生命力，知名学者邢兆良先生说："墨子身上具有学者和工匠两种传统，他是学者和工匠的结合。"

墨子的"兼爱"思想充分肯定了百工的社会价值，提升了百工的社会地位，他认为普通百工也应得到爱，也应受到社会的尊重。拥有社会地位、受到尊敬的百工才可能生产出品质精良的产品，皮鞭和棍棒下的苦工岂能心平气和、专心致志地精雕细琢产品呢？

二、中国当代企业的工匠精神

改革开放三十多年来，"野蛮生长"被许多人津津乐道，野蛮生长确实让许许多多创业者干成了一番事业，但社会也为其付出了沉重的代价。我们必须承认，有人"野蛮成长"确实成功了，挣了大钱。然而，踏踏实实做事、以工匠精神做企业就不能成事吗？能，而且能成大事，能成令世人尊敬的大事，例如华为。

作为我国民营制造业中的世界500强企业，华为创造了许多神话，面对媒体提问"华为的成功秘诀是什么"时，任正非总是笑呵呵地说："华为哪有什么秘诀，我们就是傻乎乎的，就知道傻干……"，多么朴实而智慧的回答！

任正非的乌龟理论和工匠精神为华为注入了不竭的前进动力，任正非也被业界赞誉为工匠型企业家，史蒂夫·乔布斯是另一位被誉为工匠型企业家的人物。乔布斯已经走了，任正非还在践行着"大禹之道"，苦心戮力、乐此不疲地坚守他的工匠精神，为世人创造着高品质的产品和服务。

产品是人品的镜子，人品即产品。从太平洋之东到大西洋之西，从北冰洋之北到南美洲之南，从玻利维亚高原到死海的谷地，从无边无际的热带雨林到烈日炎炎的沙漠，数万名华为员工奋斗在世界的每一个角落，肩负着将近30亿人的通信服务重任，一点都不能疏忽。

华为是一家把互联网精神和工匠精神相结合的伟大企业。2016年3月

29日，华为荣膺国务院批准设立、国家质检总局颁发的"中国质量奖"，这是中国质量领域的最高荣誉，是数万华为人用工匠精神搏来的最高荣誉。华为用"工匠精神"为中国品质代言，质量文化也是华为的企业文化。

三、奢侈品是工匠精神的孩子

奢侈品就是暴利，许多人都这样认为，然而，很少有人清楚奢侈品背后的内涵。每一件奢侈品无不是时光和工匠精神的结晶，凝聚着工匠们的热情、热心、汗水和心血，精益求精、专注专心、追求极致、务求完美、勤奋敬业。

今天，中国新崛起的中产阶级，年轻而又知识丰富的一代，他们不会像父辈们那样节衣缩食，尽管收入不高，但他们非常在意过有质感的生活，需要有质感的物品，可以触摸、可以感知，在繁忙的都市生活中，内心有一种寄托，奢侈品能够恰到好处地满足他们的需求。对于今天的中国人来说，奢侈品不再遥不可及，许多人都能拥有自己喜爱的奢侈品，人们认为自己购买的不仅仅是产品，而是品位。

奢侈品往往包含了更多的人类劳动，非工厂化生产需要投入更多的劳动力。瑞士手表几百年来一直受到全世界人民的喜爱，因为瑞士手表的品质和品牌经历了几百年的历史沉淀。由于瑞士几百年来远离战火，制表的手艺越发精湛，一块小小的瑞士手表浓缩了当地能工巧匠几百年的技艺，它不同于普通的手表。

有品位、高贵而低调的奢侈品消费者追求的境界是一种"低调的奢华"。

我们呼唤中国的奢侈品品牌。中国是奢侈品消费大国，但如今国人用真金白银购买的奢侈品几乎都是国外品牌，接下来对我国的奢侈品进行

SWOT分析：

优势（Strength）：为什么当今的奢侈品品牌大多诞生于欧洲？原因在于文化土壤的滋养，奢侈品品牌大多诞生于拥有悠久文化的土壤上，而中华民族有5000年灿烂绵长的文明史，我们的能工巧匠制作出的精美绝伦的物品灿若星河，奢侈品中蕴涵着神秘的文化基因，巴尔扎克说"培养一个贵族需要三代换血"，打造一个奢侈品品牌有时更需要千年文化的内涵积淀。我们的祖国是多民族的国家，各民族都有自己的精湛工艺品，各民族大匠们工艺智慧的聚合，加上中国的尖端技术，构成了我们打造奢侈品独有的优势。

劣势（Weakness）：当今中国社会的许多人急功近利、心浮气躁，缺乏工匠精神成为业界的常态。还有些国人善于抄近路、善模仿、少独创，耐不住寂寞，缺乏追求极致和精益求精的精神，仿冒、山寨成风，势必会形成劣币驱逐良币，不利于奢侈品品牌的塑造。另外国人的崇洋心理也是不利因素，这些是我们发展奢侈品品牌的劣势所在。

机会（Opportunity）：改革开放多年，经济发展，人民富裕，人们的购买力空前增强，尤其是当代的新奢侈主义者对奢侈品的追求非常强烈。他们的消费理念颠覆了物美价廉的传统消费观，认为物美价高、精致生活才是品位。在低调的新奢侈主义者的人生哲学中，勤俭与奢侈可以兼而有之，二者并不矛盾，多少都市白领宁可天天吃盒饭泡面，也要挎上LV包。

威胁（Threath）：当前，来自西方的各强势奢侈品品牌已经在中国市场站稳了脚跟，在消费者的心智中安营扎寨。这些老牌的奢侈品品牌历史悠久、树大根深，有实力雄厚的国际财团在背后撑腰，打压了稚嫩的本土品牌，它们精通国际商业规则，擅长资本运作，意欲把中国本土奢侈品品牌扼杀在摇篮之中。此外，当今中国富人的移民潮还在涌动，高端消费者的外迁势必减少国内奢侈品的需求总量，这些都是中国本土奢侈品品牌成长潜在的不利因素。

那么在这种情况下我们该如何打造中国本土奢侈品品牌？

秉承工匠精神，首先要追求极致。奢侈品是多数人向往、少数人享用的东西，其高昂的价格中凝聚着超乎寻常的人类劳动，一只瑞士手表凝聚着手表匠大量的心血和精力付出。耐久的品质和极致精湛的制作工艺铸就了奢侈品品牌的百年口碑。

其次，弘扬中国文化元素，需扎根5000年华夏文明。奢侈品品牌内部是浓缩的本土文化，LV、HERMES、CUCCI等国际奢侈品品牌中都凝聚着欧洲各国的文化精髓，外国人敬仰的中国奢侈品品牌的内在元素一定不是中国人从西方学来的东西，而一定是具有浓郁中国特色的东西，只有打上中国文化烙印的东西才能真正吸引老外的眼球，从而进入他们的心智。

再次，有修为的中国人才能制作出有品位的物品。拥有奢侈品是品位、身份的象征，制作奢侈品需要有品位的匠人。

打造品牌难，打造奢侈品品牌更难，难在能不能耐得住寂寞、禁得住诱惑。经营奢侈品同经营普通商品完全不同，经营普通商品可以采用薄利多销、以量取胜的大卖场模式；经营奢侈品必须厚利少销、稀有为贵，采用俱乐部模式。在市场冷淡的严酷环境下，即使是牺牲经济利益也要维护品牌形象，不可自降身价。"身在高处要胜寒，不可屈身来取暖。"做奢侈品就是要"高高在上"，耐得住严寒和寂寞。

四、我们为什么需要工匠精神

不知从何时起，海淘和海外代购等悄然成为流行时尚。国人一天天富裕起来，追求品质生活自然会选择品质好的东西，而国货中精品难寻，海淘就成为消费的必然选择。

中国人的海外购物对世界经济的贡献是巨大的。那么，能不能用高品质的国货精品把海淘组的目光拉回国内呢？供给侧改革倡导的宏观经济转型和工匠精神的传扬起到了积极作用，对于提升国货品质和推进供给侧改革，笔者认为可以从国家、企业和个人三个维度立体展开。

首先，国民经济过去30年的发展路径可以概括为"野蛮生长、高速发展、混乱快跑"，今天我国庞大的经济体量使我们再也不能这样蛮干、乱干下去了，以前的经济发展就像是小男孩做事可以淘气，因为他还小、不懂事；而今天小男孩已经长大成人，就不可以再淘气不懂事、不可以乱来了。今后我国制造业的发展战略必须是精工发展、稳健前行、有序运行。工匠精神应成为一种主流文化价值观在全社会大力倡行，国家应大力、积极支持认认真真、踏踏实实坚守实业的企业，不能简单地以"金钱"论英雄，让李书福、李东升、任正非们安心生产、创造佳品，让"Made in China"的精品畅销世界，扬我国威。

其次，企业层面，面对今天日益挑剔的客户，企业从老板到员工必须全方位践行工匠精神，以匠心造精品，超越客户期望。不为眼前利益所诱惑，不要过于追捧商业套利模式，而要专注于目标，经风雨磨砺，不改初心，静心致志，稳步推进，传承工匠精神、创新工匠精神、践行工匠精神。

第三，拿破仑说，"不想当将军的士兵不是好士兵"，反过来看，一个战士如果连士兵都当不好，又怎么可能当得了将军呢？想当将军的人，首先要从当好一个兵开始。

要做一名有价值的员工，工匠精神不可或缺，工匠精神作为职场人士的工作观、价值观，主要体现在专心致志、精益求精、追求极致、缔造完美、心态平和、自我管理。职业自豪、敬业担当、静心精进、自信自尊等方面。

从国家、企业、员工三个维度积极弘扬工匠精神，需要国家引导、企业传扬、员工支持相互配合，三位一体，共同践行，才能夯实制造业和经济大厦之基础。

▶ 案例链接：

从工匠精神到工业4.0
——大国重器之中国高铁的工匠精神

今天，人们一说起工匠精神和工业4.0，首先会想到德国制造，实际上，中国人从来就不缺乏"工匠基因"和"工业思维"，我们用实践践行着工匠精神和工业思维，其中最好的案例之一就是中国高铁。

1978年秋天，邓小平首次乘坐时速210公里的日本新干线时曾发出感慨"我们现在很需要跑"，今天，中国高铁正一路高歌，唱响着从跟跑到领跑的时代最强音。

1964年，新干线正式投入运营，宣告人类进入了高铁时代。耗时半个世纪，日本新干线铺设了2325公里；历经二十载，德国城际高铁贯通了1560公里；目前中国高铁运营里程突破2万公里，超过世界其他国家高铁里程之和，历时14年。

今天，中国高铁正时刻在跨越塞北风区，蜿蜒岭南山川，驰骋东北雪海，穿梭江南水乡，路网越织越大，车次越开越密，"和谐号"让中国越变越小，让"说走就走的旅行"越来越多。此时此刻，风驰电掣般奔跑在祖国高速铁路上的高速列车上的45000个零部件也在有条不紊地高速运行着。

中国铁路客运长期以来由于速度慢、购票难等问题发展缓慢，但从2010年高铁开通以来，逐步提高运输市场份额成为中国铁路经营中的一大亮点。安全、舒适、快捷的高铁，是全体铁路人在高铁建设和运营中体现出的精益求精和敢于创新精神的缩影！

世界不解，究竟是什么让中国铁路在短短的几年间出现了破茧成蝶般的涅槃。其实并不复杂，是"成为大国工匠"的决心让中国铁路发生了翻天覆地般的变化。从高铁建设工地到养护基地，从车站候车室到车辆检修车间，人们看到的都是整齐划一、有条不紊。"工匠精神"的基础来自劳动者细致从容的劳动状态，从建设到运营再也看不到沾满油污的铁锹镐耙，而是高端精密的施工机械，铁路人始终把"工匠精神"作为培养员工队伍的精神内核。

近十年来，我国多次派人到世界各地学习高铁技术，通过搭建优质的人才培养平台为各类人才提供学习环境和成长空间，建立了数量庞大、技艺高超的人才梯队，塑造出中国高铁时代追求精湛技术和勇于创新的"工匠精神"。在高铁建设中，我国铁路系统涌现出了大国工匠宁允展、全国劳模周勇、全国技术能手郭锐、张合礼、全国五一劳动奖章获得者李文龙等为代表的高技能人才。关于中国高铁项目，国内共有一流重点高校25所，一流科研院所11所，国家级实验室和工程研究中心51家参加研发，有63名院士、500余名教授、200余名研究员和上万工程技术人员参加研发生产。

中国高铁技术能适应复杂地形的需要。日本、德国和法国等国土面积小，铁路所跨越的地区气候和地质条件比较类似。而中国国土面积大，地形复杂，横跨多个不同的气候和地质区域，因此在我国高铁的实际建设中完全照搬引进日法德的技术显然行不通，必须进行技术创新。

为什么起步较晚的中国高铁在短短十来年间发展如此迅猛，科技水平已超过了发达国家水平？我认为正是中国铁路人精益求精的工匠精神让中国高铁实现了从无到有，再到世界领先的质变。

被称为"轨坚强"的铁轨是高铁的基础，钢轨接头处平直度工差不能超过4根头发丝，我国高铁全部采用无缝线路，数千公里的高铁没有一个轨缝，所以听不到一百多年来普通火车发出的'哐当哐当'的声音。无缝线路面临强大的温度力，为避免高温胀轨影响行车，设计者研发出高强度钢轨、高标准扣件、道轨等新产品，通过强大的线路阻力限制钢轨伸缩，通过合理确定锁定温度确保道床和钢轨不产生突变。

高速列车的每一个系统都是高科技，控制系统必须做到高效、自动、智能，其中机械系统关系到高速列车轮子和轨道摩擦的平稳安全，转向系统必须保证灵活、耐磨，传动控制系统通过性顺畅，电力系统要经受受电弓强度、耐磨、弹性的考验，动力系统要保证每节车厢都有动力，这些动力要像汽车的差速器一样，互不干扰且协同一致。

依靠对工匠精神的传承，中国铁路正在由"制造"向"智造"转变，中国铁路技术和设备在世界多个地方为民众提供着优质安全的运输服务，赢得了好口碑和好声誉。土耳其第一条高铁、印尼第一条高铁、俄罗斯第一条高铁……都有中国企业的身影；强大的设计团队、过硬的技术标准、最具性价比的高铁产品……中国高铁正成为"一带一路"合作项目的领头羊，主演着国际产能合作的重头戏，彰显了世界大国的责任和担当。

中国目前拥有全世界最大的高铁网络，未来15年内还有巨大的高铁扩张计划，高铁线路将达到45000公里。高速列车有45000个零部件，我们将有45000公里的高速铁路，相信在不久的将来，印上"工匠精神"的中国高铁乃至其他中国的基础装备制造一定能够"墙内开花墙外香"，为我国在海外同行业、同系统中赢得更多的话语权、拥有更大的国际市场。

高铁技术正在成为我国向工业4.0迈进的一张世界王牌。

▶探讨与思考：

1. 我国是怎样做好高铁这一"大国重器"的？

2. 在高速发展的世界技术格局中，中国高铁怎样才能保持领先地位？

第九章

匠心存大美，用时间和汗水浇筑丰碑

世界从不缺少美，而是缺少发现美的眼睛。

——（法国）奥古斯特·罗丹

匠心存大美，劳动就是美，敬业就是美，负责担当就是美，专心致志就是美，追求极致就是美，精益求精就是美，职业自信就是美，缔造完美就是美，带着匠心工作的过程就是美的历程。

匠心人士当自美，因为你本来就很美！

一、责任神圣：有担当，敬业就是美

记得三十多年前上小学时，语文课本中有这样一篇课文，课文描述的场景是在公园里，天快要黑了，公园已经开始净园了，但有一个小男孩一动不动地笔直地站在一棵大树下，工作人员问他为什么还不回家，小男孩一脸稚气但严肃坚定地说："我是列兵，我在站岗，我还没有接到回家的命令。"原来，白天孩子们在做游戏，小男孩扮演的角色是站岗的列兵，天黑了，其他的小伙伴们都回家了，唯独这个认真又天真的"列兵"还在坚守自己的岗位，在他幼小的心灵中，这是一份神圣的职责。

三十多年过去了，课文场景至今历历在目，作为成年人，我们不禁为小男孩的敬业精神所感动。人人都需要敬业精神，敬业才能乐业，乐业才能专业，专业才能立业，立业才能成才，成才才能成功。

责任千斤重，铁肩担道义，人活着就是要负责任。对任何一个人来说，"责任"二字都是一个沉甸甸的话题，对父母尽孝是责任、夫妻之间互相支持体谅是责任，教育抚养孩子是责任，对兄弟姐妹、亲朋好友关心照顾是责任，对工作认真负责是责任，执行上级下达的任务是责任，对事业负责是责任，对员工负责是责任，对客户负责是责任，对社会负责是责任……

职场人士该如何尽职尽责？

1. 有为 VS 有位

我们经常听到一些职场人士抱怨自己怀才不遇，认为自己精通文韬武略、学识渊博、才高八斗、学富五车，而自己遇到的上司都是愚蠢弱智、糊里糊涂。许多人因为自己怀才不遇，认为领导不重视自己，于是对待工作马马虎虎、敷衍了事、不负责任，最受煎熬的人还是自己，心中常常嘶鸣：我这匹千里马何时才能遇到伯乐啊！其实，你就是自己的伯乐。

有人说，我在企业里干的是基层最简单的重复劳动，我哪里有出头之日啊。殊不知，即使你从事的是最简单的一线工作，你的工作态度、工作效率、麻利程度、上下游工序配合等看似十分平常的事情，同事和领导都会无时无刻不看在眼里，对你进行全身心、全方位地扫描透视，"群众的眼睛是雪亮的"，哪一位有所成就的人没有在基层历练过就成就大业呢？

美国的开国总统是一位地地道道的农夫，是个种庄稼的好手，他用数种子数量的"笨办法"计算种子的发芽率；奠定俄罗斯世界帝国地位的彼得大帝曾经在荷兰的造船厂隐姓埋名，风吹日晒雨林、遭受蚊虫叮咬地在船厂码头工作，目的是要为俄罗斯创建一支强大的海军队伍；有"商界铁娘子"美誉的格力电器总裁董明珠女士，年轻时当过多年的车间女工、化验员、业务员，几十年下来，无论从事什么工作她都兢兢业业、永不厌倦，是真正的"抓铁有痕、踏石留印"，在她的率领下，格力电器从名不见经传走到今天的享誉世界。

有为才会有位，我深有体会。二十多年前，我在企业的生产一线工作，每天上班都要换上浸有汗渍和油渍的工作服，在噪音160分贝以上的环境中工作，许多同事和老师傅为我鸣不平，经常对我说："你是有学历、有文化、有抱负的大学毕业生，整天和我们这些大老粗一起工作，真是太屈才了。"但母亲总是对我说："勤勤恳恳做人、踏踏实实做事是一个人的本分，天道酬勤。"于是，我依旧每天早晨第一个上班，为同事们打好开水、清扫工作间、整理准备好工装，认认真真地在车间工作。五年时间过去，机会来临了，由于企业迅速发展，一些人们都羡慕的重要岗位在全厂范围内公开招聘人才，我报名应聘，经过一轮轮严格的审查、笔试、面试、复试等环节，终于从五千多人中脱颖而出，同事和师傅们都为我感到高兴，调任升职时，三十多位工友自发地为我举行了隆重的欢送会，至今难忘那一幕。

企业用人，首先看的是一个人的责任心，通常情况下，责任心比能力更重要，正如古诗所说的："试玉要烧三日满，辨材须待七年期。"

2. 工作使命感

使命感是神圣的、崇高的，有使命感的人工作起来好像有使不完的力

气，因为他清楚自己为什么而工作，清楚自己工作的价值何在。马云创
建阿里巴巴的头几年天天都被问题和困难裹挟、缠绕着，但他依旧带领
"十八罗汉"团队不知疲倦地为"让天下没有难做的生意"这一使命奋斗
不止。

3. 不找借口，敢于担当

观察一个人的责任心和工作态度，主要是看在工作中出现差错和遇到
问题时，他是推过揽功还是推功揽过，前者是小聪明，后者才是大智慧。

罗文上尉冒着生命危险，穿过随时会迷路、又险象环生的热带雨林把
信送给了加西亚将军；三一重工遇到"断臂慕尼黑"事件，技术总监易小
刚主动承担责任，总裁梁稳根不仅没有责罚他，反而对其更加重用。

老人们常说"观过知人又识人"，道理非常深刻。人生在世就要做
事，只要做事就会犯错出事，除非你不做事。对于自己的错误，不要遮遮
掩掩，欲盖弥彰，一个人对待错误的态度直接反应他的职业素养和品质。

4. 责任意味着机会

"没有机会，机会难求，机会在哪儿啊？"许多人经常这样问。其
实，只要愿意承担责任，机会就在身边，机会的种子就孕育在责任之中。

风帆集团当年因为经营规模扩大，需要进一步开拓新市场，公司规划
深度开发西北、西南市场，成立市场开发部，需要从现有的业务经理中选
派一名经验丰富的经理人担任市场开发部经理，当时人们都很清楚，去西
南、西北"拓荒"，开发市场前途未卜，而在成熟市场做经理轻车熟路，
容易出业绩，这一点大家心知肚明，因此谁也不愿冒这个风险。这时，王
建新主动请缨担起了这个重任，不辞辛劳地投入到完全陌生的市场中，有
些地方交通不便，他就迈开双脚、骑着自行车进行市场调查，经过几年努
力和打拼，成功地打开了开发区市场，使其有了稳定的销量，且发展势头

明显好于其他成熟市场。王建新在勇挑重任中得到了锻炼，能力大幅提升，后来成了一名优秀的职业经理人。

5. 打工VS创业

今天的职场上，员工打工心态普遍存在，它确实是一种消极的心态。而积极的员工心态是以合伙人的心态和老板一起创业，共同打拼，开拓未来。沃尔玛企业文化里的重要一条就是视员工为企业的伙伴，这样员工才能发挥主人翁责任感。打工还是创业并不矛盾和对立，因为在工作中同老板一起创业，才能更好地锻炼自己。

因此，在工作中，员工应做到"下属的姿态、老板的心态"，老板应做到"同事的姿态、合伙人的心态"，老板和员工一起和谐共生。员工要从"老板要我做"升级为"我主动请缨做"，老板要从"我要你做"，升级为"你自己想做"，只要人人负起责任来，没有做不好的工作，因为机会就隐藏在责任之中。

二、忠诚事业：有信义，勤奋就是美

忠诚是中华传统文化的重要组成部分，这一点同西方文化有着根本差异，西方很少谈及"忠诚"。中国的老板在招聘和用人时通常以忠诚作为衡量下属的首要选项，匠心员工忠诚于所在企业、忠诚于自己钟爱的事业。

忠诚含有忠心、诚实、诚意之深刻内涵。一个用忠诚铸就的团队是不可战胜的，员工的忠诚是企业生存和发展的精神支柱，是企业的生存之基。忠诚是一种死心塌地的归属感，由忠诚员工构成的团队是具有高度凝聚力的团队。

忠诚于企业，把职业当成事业来干，制定阶段性目标，把领导当导师，把同事当师傅，把企业当熔炉，让自己在工作中百炼成钢，把自己的目标和组织的目标结合起来，和组织一起成长，从"士兵"到"将军"的代表人士有格力的董明珠、万科的郁亮和三一重工的易小刚等，他们都是把职业当成事业来干，从员工做起，一直升至企业举足轻重的人物。

三、追求极致：重细微，严谨就是美

奢侈品是工匠精神的产物，是工匠们追求极致、追求完美、沉醉于工作中的产物，奢侈品是工匠精神的孩子，奢侈品的美轮美奂映射着匠心之大美。极致和完美体现于细微之处，体现于严谨之中。"差不多"思想是追求极致的天敌，许多情况下"差不多"就是"差很多"。

第二次世界大战期间，美军空降兵的降落伞的合格率是99.9%，这意味着每1000个伞兵跳伞时就有一个人不是死于敌人的枪弹，而是死于身上背着的降落伞包，美国军方与降落伞厂多次严正交涉和谈判，必须把合格率提高到100%，也就是零缺陷，必须为伞兵的生命负责确保万无一失。但伞厂认为世界同行基本都是这种状况，不可能再提高合格率了。

一天，一位美军上校邀请降落伞厂老板登上飞机遨游蓝天，飞机升空后，上校请伞厂老板背上伞包同伞兵们一起训练跳伞。老板犹豫了，直到这时，他才深刻地意识到100%的合格率是何等重要。

今天，许多行业都在推行零缺陷质量管理，中国航天系统实行的"双归零"质量管理确保了中国航天事业的稳步安全进行，跨入了世界航天强国行列。墨菲定律告诉我们，如果事情有变坏的可能，不管这种可能性有多小，它总会发生，因此零缺陷质量管理无比重要。

把每一件小事都做到完美，把每一个细节都处理精当，精于细微，把

每一个当下都做到极致是匠心员工执着、坚守的优秀品质和崇高人格，细节成就完美，细微之处成就大业。

日本冈野工业公司生产的无痛注射针头为亿万患者尤其是需要每天注射胰岛素的糖尿病患者和恐惧打针的小朋友们减轻了注射的疼痛，这一世界医疗领域知名企业只有五名员工，他们生产的针头针尖口细如蚊子的口针，针口端小孔内径80微米、外径200微米，底部小孔内径250微米、外径350微米。如此细小的针头上还有锥度，制作难度可想而知，而且这样的针头完全是用又硬又厚的不锈钢板以微米为单位卷压而成。这一技术至今全球只有冈野一家能做，许多公司多次尝试均未成功。

四、重视结果：讲业绩，过程体现美

经营企业，效益是硬道理；职场打拼，业绩是硬道理，工匠们呕心沥血制作出的精良无比、精美绝伦、动人心魄的作品就是他们骄人的业绩。

苹果公司改变了世界，它对世界颠覆性的改变是从小小的数字多媒体播放器iPod开始的，iPod是苹果公司第一件被消费大众广泛认同的精良之作，之后迅速风靡全球，让不同肤色、不同国度的青少年为之着迷，抛开其神奇的功能不谈，仅就其光滑细腻、宛如镜面、没有一点棱角的外壳就足以感觉到它的神奇功能和价值，小小的iPod拿在手中，好似美玉一般的感觉。

然而，如此超现代化的不锈钢外壳却是由一个叫小林研业的日本"手工作坊"的几名当代工匠一个个手工打磨出来的。

小林研业的工匠们用四年时间，为iPod生产了超过100万个镜面背壳，如此海量的产品都是由五名技工全部依靠手工研磨而成，而且研磨工作不是标准化操作，完全依靠工匠们的感性判断，用目测的方式把产品研磨至理想的水准。苹果公司对配套产品的品质管理异常严格，质检员会在荧光灯下将iPod的背壳放到头顶左右摇晃，如果投射下来的光线有一条不正或杂乱就会被视为次品或废品。

iPod背壳使用0.5毫米厚的不锈钢冲压而成，边角的厚度为0.3毫米，金属在遇到高温高压时会发生细小的扭曲，工匠们必须用抛光布轮手工进行研磨至1000号级别，就是真正的像镜子一样的级别。

管理大师德鲁克说："企业的目的只有一个：创造顾客。"创造顾客价值是企业的天职，为企业创造价值是员工的本分和天职，小林研业的研磨技师们研磨的是过程，1000号级别的iPod背壳是结果，他们创造的价值正体现在百万个光如镜面的机器外壳上。

五、永远进取：平凡孕育美

人生是一场马拉松，起点并没什么不同，但赛程过半后人们逐渐拉开了距离，有的人积极进取、永不放弃，逐渐跑到了前面的梯队；有的人奋斗精神不足、满足现状甚至消极退却、懒惰懈怠、不思进取，逐渐成为后面梯队的一员，甚至退出了比赛。

只要你积极进取，乞丐也可以创造人世间的精彩作品。

20世纪90年代，美国密歇根州的景观设计师威廉因经济原因破产，债务累累、妻离子散，威廉也沦为街头的乞丐。威廉在之后二十多年的乞丐生涯中，他的生存底线只是吃剩饭和有一个地方过夜，他经常捡拾人们扔在垃圾箱中的汉堡、鸡肉等垃圾食品聊以充饥，靠这些活下去。

威廉从垃圾堆中发现了希望，他用卖废品得来的一点硬币买来剪刀、胶水等物品，开始了以报纸为原料的雕塑制作，一干就是20年，威廉每天乐此不疲地捡垃圾、卖垃圾，他最快乐的是天马行空地进行他的报纸雕塑创作。

有一天，因为市政规划，有人在他的乞丐居所中发现了数不清的形态各异、栩栩如生的报纸雕塑，每个人都惊呆了，这简直就是艺术的宝库和殿堂。此后，威廉的报纸雕塑开始在全美国巡展，参观者蜂拥而来。威廉的人生彻底发生了转机。

工匠精神让行乞20年的乞丐威廉变成了享誉世界的报纸雕塑大师威廉。这正是积极进取、爱琢磨取得的惊人成就。

世间的许多事情看似复杂无比，高深莫测，而一旦深入进去，就会发现原来并没有多么复杂，世界上第一本叫《工匠精神》的书是由美国人亚力克·福奇写作的，作者写作《工匠精神》的初衷是由一次修理黑莓手机的过程触发的。亚力克·福奇的黑莓手机出了问题，他拿到黑莓的厂家服务网点修理，技术人员说维修需要几百美元而且要等待几十天的时间，于是，亚力克决定自己修手机。也向互联网寻求帮助，在网上查阅资料，后来发现了一个关于修理黑莓手机的视频，随后他根据视频上教授的步骤购买配件、准备所需工具、拆卸，整个修理过程为60分钟。不仅修好了手机，而且前后只花了十几美元。

每个人的基因里都隐藏着工匠技能和工匠精神，这是由人类的进化决定的。爱琢磨的工匠精神往往能创造奇迹，二十多年前，乔布斯着魔般地想要把一千首歌曲放进一个小机器里，取代了只能装几十首歌曲的索尼随身听，几年后，iPod诞生了。

积极进取、爱琢磨的人是幸福的、快乐的、有价值的。只要我们愿意，每一个人都能拥有这份幸福和快乐，创造非凡价值。平凡孕育着大美、平凡中体现着大美。匠心存大美！

▶案例链接:

不做500强，要做500年

——方太的工匠精神探秘

告别野蛮生长，匠心铸就精品。工科出身的方太集团董事长茅忠群儒雅而沉静，他睿智地提出：方太不上市，但强调"全员持股"，方太的13000多名员工都是方太的股东，果断提出方太"不做500强，要做500年"的战略方针。

茅忠群提出："要把产品做成精品的话，一辈子只做一件事都不为过。我们追求精益求精、持续创新，这是品牌持续做强的基础。"这句看似轻巧的破题之语，使方太从民企经济迭代更替的大浪中脱颖而出。

如果说精益求精的工匠精神是一扇翅膀，那么持续创新的进取姿态则是另一扇翅膀，双翅共振，带动了方太的起飞。在方太，对产品和技术创新的重视体现在多个方面。"家电行业研发投入一般在2%~3%，方太的研发投入达5%。"茅忠群透露，截至2016年10月，方太拥有专利总数868项，其中发明专利180项，在行业内遥遥领先。

与此同时，作为中国厨电领域的领军企业，方太近年来参与了多项厨电行业、国家标准的修制订工作，其代表中国向国际电工委员会提交的有关吸油烟机产品标准的修订案，最终写入国际标准，凸显出方太在国际舞台中逐步占有一席之地。

从传统的厨具加工企业起步，方太在二十年的发展中也在持续更新换代。处于消费升级的时代，"中国制造2025"大战略和"工业4.0时代"已成为当下的主流，移动互联网的介入促使制造业产生了颠覆式剧变，借助于精益求精的工匠精神与持续创新的进取姿态，方太的"品质革命"为企业未来发展增添了逆势增长的新动力。

在中国的家电史上，方太率先提出利用工业设计来推动民用产品创新的企业，不仅注重实用和品质，还要注重美观悦目。作为中国高端厨电品牌的代表，二十年来，方太不仅在国内奠定了领导者的地位，目前已跻身加拿大、澳大利亚、新加坡等十余个国家和地区的高端市场，实现了让厨房电器成为家电领域里第一个超越外资品牌品类的创举。

在油烟机的研发上，方太人也用工匠精神牢牢把控每一个产品的细节。对方太来说，一款油烟机可以被拆分为无数个细节，每一个细节都值得一遍又一遍推敲，不断精进；做得好还不够，还要做到极致。为了找到新产品"云魔方"的"黄金控烟区"，方太研发人员经常在通风条件恶劣的实验室中不断地进行烹饪测试，一天下来炒掉十几盘土豆丝，一个月下来炒掉几十斤食用油甚至辣椒；他们还会在模拟极端恶劣的公共烟道及厨房环境的情况下，反复不断地进行数据测试，有时候实验室地板上积累的油渍还会把鞋子沾掉。

实际上，对于一台抽油烟机而言，一条缝隙丝毫不会影响到机器运作的功能，但研发人员却认为这条缝的意义并不仅仅是肉眼看到的一个缝隙那么简单，他们希望减少这个边角的缝隙将更好的体现工艺的精湛。

茅忠群说，"高端品牌不是广告打出来的，关键要有好的产品"不仅可以作为2016年度方太运作的主题词，同时也可以成为方太二十年的运作主线。好的产品怎样才能做出来?今天业界大热的工匠精神，恰恰是方太用了二十年时间所坚持的。

让工匠精神扎根，让精品意识成为本能，这是方太从成立之日起就树立的信念。"如果企业家的心是浮躁的，那员工的心一定也是浮躁的，就不可能真正用工匠精神去打造产品"，在多个场合，茅忠群都如此强调。

时至今日，方太一方面独创出"匠人文化"，通过工匠技能比武、方太工匠评选、名师带高徒等方式，创造培育匠人的文化土壤，不断全方位培养能工巧匠，另外一方面，方太还在企业内部推行"儒家文化"，通过文化修养让研发团队、制造团队整体静下心来专注做产品。

方太深知"老技术员工"是重要的财富，为了把他们对质量的精益求精、对制造的一丝不苟、对完美的孜孜追求精神传承下去，特别建立了师徒制体系，让老员工积极发挥"传帮带"的作用，指导新员工尽快的掌握工作要领，源源不断的从内部培养匠人。

方太内部出台的《工匠管理制度》更具操作意义，从普通职工到技工再到工匠的阶梯式成长和职业规划，以及能享受的待遇均形成固定的制度。赢得"方太工匠"称号可拿1000元奖金。之后，每个月增加700元补贴，并且从一线职工升为班组长，总之，用制度和文化来鼓励人人重视品质。

过去二十年，方太始终坚持确保每年将销售收入的5%投入技术研发。在厨电业现有的发明专利中，方太所掌握的多项发明专利占据了行业一半以上的份额，成为名副其实的高端厨电的科技领跑者。

茅忠群在接受央视记者采访时说了一句话，"在方太，任何部门的预算都是有限制的，但是研发部门除外，对研发的投入，方太采取的是上不封顶的做法"。

茅忠群提出："方太使命愿景的实现有赖于我们的工匠精神，工匠文化。我们的使命是让家的感觉更好，其中第一句就是我们要提供无与伦比的高品质的产品和服务。而高品质的无与伦比的产品就需要我们的工匠精神，没有这样一种精神和文化，我们就难以做出高品质的产品。我们的愿景是成为一家伟大的企业。第一个新典范就是打造'五心'品牌，为了打造'五心'品牌，其中最核心的基础就是五心产品，没有五心的产品哪来五心的品牌。我们的产品如何让用户动心、放心、省心、舒心、安心，这更需要我们的工匠精神和工匠文化。"

首先，方太以良知（仁爱之心）为源泉，运用多样载体宣贯工匠文化，熏陶广大员工传承弘扬工匠精神。目前已形成工匠流行语、工匠吉尼斯、《工匠之歌》、工匠演讲比赛、名师带高徒、工匠评选、工匠技能比武等丰富多彩的工匠文化活动。

名师带高徒活动都要举行传统拜师礼仪，师长带领徒弟向先圣行拜师礼。技能竞赛是工匠文化节的重头戏，2016年工匠技能大比武，开展了81个项目，2685人参加，377人分获不同奖励。

工匠文化读书会是针对公司各个系统和层级员工定期组织的关于工匠文化的读书会。工匠精品PK赛就是在文化节前期准备阶段，由各工厂员工使用车间的边角废料，运用精加工工艺手段制作出工艺精品，经过专家团队的评审，入围的前十个手工艺品在文化节期间展览为一个月，供方太员工欣赏。

"方太工匠文化节"引发了职工极大的热情，参与人数也在年年递增。并且，"把简单的事件做到极致，在平凡的岗位坚守扎根"的文化节口号和《工匠之歌》主题曲也是职工创作的。通过文化节，职工对待工作的心态也发生了变化，越来越多的人觉得打螺钉也不再是一件简单的工作，大家都认识：能把工作做到极致就不简单！

建立导师制和师徒制。"名师"是指符合方太价值观，熟练掌握专门技术和专业知识，拥有专技特艺或优秀技法，能够在生产实践中有效解决较复杂技术、工艺等难题的优秀人才，一般应具备高级技工以上职业资格。"高徒"是指：符合方太价值观，有较好培养前途和强烈学习意愿的一线操作工人，一般应具备初级技工以上职业资格。师傅传授优良的品德、职业道德和工作作风；传授实际生产所需的技能；传授技术攻关和高难度生产任务所需的绝招绝技；关心爱护徒弟，传授安全生产知识。徒弟尊重师傅，刻苦钻研，修身心，尽本分；完成师傅交给的各项任务，保证安全生产；努力提高自己的技术水平。

建立《工匠管理制度》，把普通职工到技工再到工匠的阶梯式成长和职业规划，以及能享受的待遇用制度的形式固化下来。员工从事工匠类备选岗位超过5年，在技能比武中取得前三名的成绩，把本职技能工作做到极致，并不断优化革新。

工匠精神成就了方太高端厨电领导者地位，同样，高端厨电领导者的地位又进一步推动了方太对于工匠精神的坚守与创新。我们要传承三品合一，继续努力，让工匠精神进一步发扬光大，让技能人才发展之路越走越宽。

从二十年前进入中国家电产业的厨电市场开始，方太就将"高端"作为其品牌理念，将工匠精神作为企业发展驱动力，确立以"匠心"推动中国制造转型，以工匠精神打造中国家电高端标准的愿景，由此也拉开了中国家电产业第一个高端标准、第一家高端品牌的落地和实施。

在方太，诠释工匠精神的关键词是"品质"，以用户为中心，创造出高品位和高质量的产品，而这些需要强大的技术研发和制造能力作为支撑。方太建立由300名行业顶级专家组成的研发团队，每年投入经营收入5%以上的资金，聘请来自德、日、意等国的设计力量，采用先进的高端厨房生产设备和国际工业制造先进技术用于产品的研发、设计和制造。

工匠精神成就了方太的高端领导者地位，同样高端领导者地位又进一步推动了方太人对工匠精神的坚守与创新，最终让方太从制度、体系、员工培养上都深刻着专注专业的匠人之心。方太从2011年开始引入精益六西格玛精益生产和品质扁平化管理模式，打造精益生产管理体系，并围绕这一体系进行质量管理改进及创新，成立供应链革新学校，组建一百多个革新细胞小组。目前，方太已成为少数打通精益生产、设计增值和服务增值的企业。

方太的"工匠精神"独特性体现在企业文化上，一方面是独创"匠人文化"，通过工匠技能比武、方太工匠评选、名师带高徒等方式，创造培育匠人的文化土壤，全方位培养能工巧匠；另一方面是在企业内部推行"儒家文化"，通过文化修养让研发团队、制造团队静下心来专注做产品。

方太要在"厨房里闹革命"，全心全意致力于"让生活更美好"。目前，方太正在以民营企业身份担当着厨房、卫生间的工业技术节能化的国家科技项目研发的主持任务，已经把热能效率有最初的30%提高到了62%，按照方太每年新增客户数量540万户计算，每年可以节省国家战略项目"西气东输"天然气输送量的50%。

方太不仅满足于今天的成功，方太的"野心"是要不断地成长、成功五百年。世界知名的宝洁公司成功于在"卫生间里闹革命"，我们祝福方太公司将来一定会成为世界500强五百年。

▶ 讨论：

1. 方太领军人物茅忠群的企业家精神对企业成长的重要性是什么？

2. 方太成功的秘诀体现在哪几个方面？

3. 方太的工匠精神对传统制造业的启迪是什么？

第十章

匠心重修行，成就自身价值，赢得社会尊重

　　我的一位朋友从柏林禅寺禅修七日回到北京，我问他有何收获，朋友说通过禅修悟出一个基本道理：禅修期间日出而作，日落而息，吃饭睡觉都是修行，饿了吃饭、困了睡觉、醒来做事，就是修行的全部内容。

　　只有工作才能体现人的价值，这是最朴素的价值观。如果我们把工作当成一种修行，工作就会成为一种习惯，工作也就成了一种享受，大道匠心需要寒来暑往、日积月累的修行而成，并逐渐成就自身价值，赢得社会尊重。

一、专心致志心无旁骛，把工作当成信仰

　　弟子问唐代高僧大珠慧海禅师如此智慧高深，潇洒自在，有何秘诀？

　　慧海禅师说道："吃饭、睡觉、学经。"

　　弟子不解，又问："这算什么秘诀呀？大家都是这样做的呀。"

　　慧海说："我吃饭时只想吃饭，其他什么也不想，所以饭吃得很舒

坦；我睡觉时只想睡觉，抛下一切杂念，所以从无噩梦，睡得非常香甜；我学经时只想经义的内涵，从无杂念，所以领会深刻。"然后顿了一下继续说道："而世间众生，吃饭时还算计得失，所以食不甘味；睡觉时思虑杂念过多，浮想联翩；读书时，还要红袖添香，时刻想着考取功名，这样，如何能够活得智慧、潇洒呢？"

弟子恍然大悟，原来专心致志、心无旁骛的专注精神就是师父修行的秘诀呀！

专注是工匠精神的关键特征之一，将自己毕生的时光奉献给一门手艺、一种工作、一项事业，这本身就是一种信仰，有多少人能够做到呢？用毕生的岁月为代价，专注于做一件事情，这种信仰是一种纯粹的伟大，这种信仰必将带给人无尽的力量、无尽的热情、无尽的创造力、无尽的快乐、无尽的享受、无尽的收获。用修行的心态，让生命的能量积蓄起来，抵制外来无尽的诱惑。

我的大部分职业生涯是在国家船舶系统中奋斗工作的。中央电视台的电视专题纪录片《大国工匠》中弘扬了八位功勋卓著的工匠，其中两位就是我们中国船舶系统的同仁，他们以炉火纯青、登峰造极的技术诠释着工匠精神的精髓，他们就是张冬伟和顾秋亮。张冬伟是沪东造船集团的焊工，他从事的殷瓦焊是世界上难度系数最高的焊接技术，殷瓦板像牛皮纸一样薄，而一条LNG天然气远洋运输船仓上的焊缝长达13公里，不允许有一点瑕疵，一个针眼大小的露点在大海航行中就会带来的天然气泄漏、会给巨轮带来灭顶之灾，张冬伟的焊接技术必须保证焊缝做到"百分之百"无缺陷，外观还要完美无缺，他工作时的定力和专注是工匠精神不可或缺的宝贵品质。

顾秋亮是中国船舶重工集团702研究所的组装技工，他组装的"蛟龙号"深海载人潜水器有十几万个零部件，组装精度要求是"丝"级标准，高超的组装技艺确保了蛟龙号深潜大洋7026米，载人潜水器安然无恙。目前，我国的深海潜水技术已达到世界领先水平。

张冬伟和顾秋亮作为大国工匠的一员，是我们中国船舶系统的骄傲，也是我国技术工人的骄傲。匠人们凭借自己的一门手艺、一门精到的手艺顶天立地的生活在天地之间。

他们用自己的行动践行了"简单重复的工作练到极致就是绝招"这一千年古训，热情和信仰是把工作做到极致的两个轮子，热情是前轮，信仰是后轮。热情是外在而感性的，信仰是内驱而持久的，工匠们对自己所从事的工作没有任何抱怨，只有热爱。

二、正心正念，用心灵积累生命的能量

我国的传统文化历来讲究格物、致知、诚意、正心。心正了，心灵平静了，然后才能修身、齐家、治国、平天下。

正心正念，心灵宁静了，然后再去践行。用心做事是工匠精神的核心要素之一。

我的母校中国农业大学MBA教育中心的校训是"我们一直在用心"，农大MBA中心2016年十周年庆的主题是"十年磨砺，不改初心"，一切的一切，全在一个"心"字上。

33年前，我读初中一年级，当时的教室全是小平房，冬天根本没有暖气，只有一个用砖头垒砌的土炉子，讲台也是用砖头垒砌而成的，由于缺少维修，土炉子和讲台的砖头多已松动，凹凸不平。由于漏风，炉子经常熄火，同学们上课冻得直流鼻涕；讲台松动的砖头经常险些把老师绊倒。

在一个冬日的下午，放学后，我和发小常军说我们把炉子和讲台修一下吧，于是我们一起动手把炉子上松动的砖头拆下来，和着泥巴再垒砌上去，这样一来，炉子就可以不漏气了；之后又把讲台上凹凸不平的砖头揭下来，铲平地基，下面垫上黄土，一块砖一块砖重新铺上去，踩上去试试，感觉平整多了。看着修好的土炉子和平整的讲台，我和常军高兴得跳了起来。

第二天，我们早早地来到教室，年轻漂亮的何老师走进教室，看到炉子和讲台焕然一新，又听说是我们放学后动手做的，在课堂上表扬我和常军"是有心的同学，真用心"，听到这样的表扬我们还有点害羞呢，但心里甭提多高兴了，学习也特别用心和卖力。期末考试时，全班五十多名同学，我考第一，常军第二。

那一年，我12岁，时光过去33年了，今天回忆起来还好似是发生在昨日的事情，温馨而美好，总记得那一年的冬天一点都不冷、很温暖。也就是从那一年起，我逐渐明白了什么叫做"用心"，因为老师夸奖我"是有心的同学，真用心"。口头表扬和鼓励可以激励学生终身，何老师是我和同学们正心正念的启蒙老师，那一年我十二岁，不再是懵懂的少年了。

匠人们信奉诚信做人，用心做事，产品就是人品。顾客购买使用企业的产品，就能感受到企业的"人品"，对你的产品满意就是对你的人品满意，如何让顾客满意呢？应从"六颗心"方面下功夫：爱心、热心、诚心、善心、细心、责任心。

一个人拥有爱心，才会热爱生活，工作起来就兢兢业业，把爱注入产品之中，爱心是利他心、给予心的基础，人们常说妈妈做的饭最好吃，因为她是用爱心在为孩子做饭。

一个人拥有诚心，才能以诚待人，恪守做人的道德准则，在金钱利益诱惑面前，才不会迷失自己，才不会偷工减料，谋取私利。

一个人拥有善心，才会善待工作、善待他人、善待顾客，善待万事万物。

一个人拥有细心，才能精益求精，追求完美，做到极致，才能做出零缺陷产品。

一个人拥有责任心，才会对工作认真负责，敬业担当、自我管理，不用扬鞭自奋蹄。

上述六颗心，都是"用心"的体现和践行，修炼工匠精神，从用心开始。

三、价值取向：工作只是为了赚钱吗？

工作也好，创业也罢，赚取更多的金钱是正大光明的事情。然而赚钱并不是工作、创业的全部内容，如果一切为了钱，人就会为金钱所累，变成金钱的奴隶。

我的一位研究生同学在北京创办了一家管理培训咨询机构，当有人问他创业成功的秘诀是什么时，他说我们的目的不是做一家赚钱的公司，而是要做一家值钱的、能创造价值的公司，这应该就是他成功的经营哲学。

工匠们在专注于自己的工作对象时，考虑的是如何把产品做到完美、做到极致，因为这样才能体现自己的技术水准，才会体现自己的人生价值，优秀的工匠们不会把精力和目标定在能赚多少钱上，而是定在产品上并乐在其中。

今天，许多年轻人都有一种可怕的思维定势：工作=金钱，给多少钱，干多少活，老板付我工资，我为老板工作。在选择工作时更注重的是薪水和福利待遇，只有少数人关注公司的业务状况怎样、公司的未来是什么、我能为公司创造哪些价值、在这里我能学到什么、在这里我能不能够成长。

人在职场，成长比成功更重要，深谋远虑、高瞻远瞩的老板最需要的不是打工仔，而是同舟共济的创业伙伴。打工仔人力市场上一抓一大把，而创业型价值员工一将难求，成长型企业的特征是由众多创业型员工为了自己和企业的共同成长组成的企业团队。

除了金钱之外，我们从工作中还可以收获经验、历练、才华与抱负的施展，这些都能帮助我们创造更多的价值，这些价值体现在能力的提升、成长的体悟和社会尊重等方面。对于刚步入职场的年轻人来说，注重本领的积累远比眼前薪水的多少更重要，因为它能使你的人生资本变得更加厚重，日后的路能越走越宽阔。

秋山木工由日本著名匠人秋山利辉于1971年建立，专门定制高级家具，以高质量家具工艺闻名日本，更为外界称道的是它独创的人才养成制度，获得日本知名企业家稻盛和夫等的推崇。其家具产品由技术可靠的一流工匠亲手打造，可使用一两百年。公司员工虽然只有几十人，年销售额却高达11亿日元左右。与此巨大数字不相符合的是，秋山木工在人才培育方面，50年期间仅培育出48名匠人，让当今过于强调经济发展模式的人们不由得深思。

在秋山木工学校，学员一年上预科，四年学做徒，三年学带徒，八年后自立，便被赶出学校。训练内容包括打招呼、自我介绍、泡茶、打电话等，其中最重要的是要"能够顾虑到别人"，关键在于能否成为"能够感动别人的人"。

被秋山木工录取的学徒无论男女，一律留板寸头，禁止使用手机，只许书信联系，研修期间绝对禁止谈恋爱，早晨从跑步开始，朝会上要齐声高喊"匠人须知30条"。

72岁的秋山利辉说，自己的天命是"成为木工界的超级明星，然后培养更多的超级明星"。

秋山木工的"匠人须知30条"规矩

01. 进入作业场所前，必须先学会打招呼。

02. 进入作业场所前，必须先学会联络、报告、协商。

03. 进入作业场所前，必须先是一个开朗的人。

04. 进入作业场所前，必须成为不会让周围的人变焦躁的人。

05. 进入作业场所前，必须要能够正确听懂别人说的话。

06. 进入作业场所前，必须先是和蔼可亲、好相处的人。

07. 进入作业场所前，必须成为有责任心的人。

08. 进入作业场所前，必须成为能够好好响应的人。

09. 进入作业场所前，必须成为能为他人着想的人。

10. 进入作业场所前，必须成为"爱管闲事"的人。

11. 进入作业场所前，必须成为执着的人。

12. 进入作业场所前，必须成为有时间观念的人。

13. 进入作业场所前，必须成为随时准备好工具的人。

14. 进入作业场所前，必须成为很会打扫整理的人。

15. 进入作业场所前，必须成为明白自身立场的人。

16. 进入作业场所前，必须成为能够积极思考的人。

17. 进入作业场所前，必须成为懂得感恩的人。

18. 进入作业场所前，必须成为注重仪容的人。

19. 进入作业场所前，必须成为乐于助人的人。

20. 进入作业场所前，必须成为能够熟练使用工具的人。

21. 进入作业场所前，必须成为能够做好自我介绍的人。

22. 进入作业场所前，必须成为能够拥有"自慢"的人。

23. 进入作业场所前，必须成为能够好好发表意见的人。

24. 进入作业场所前，必须成为勤写书信的人。

25. 进入作业场所前，必须成为乐意打扫厕所的人。

26. 进入作业场所前，必须成为善于打电话的人。

27. 进入作业场所前，必须成为吃饭速度快的人。

28. 进入作业场所前，必须成为花钱谨慎的人。

29. 进入作业场所前，必须成为"会打算盘"的人。

30. 进入作业场所前，必须成为能够撰写简要工作报告的人。

摒弃浮躁心、功利心、讨巧心，装备踏实心、进取心、工匠心，以工匠精神对待工作，方为正道。

四、执着精进，在工作中修炼匠心意志

人在职场，职场即为道场，工作就是修行。在工作中修行，首先从热爱工作开始，日出而作、日落而息，上班下班，忙忙碌碌，看似简单重复，其实都是修行。

僧人撞钟是修行，普通人工作也是修行，僧人以禅心撞钟得以继任方丈之职，普通人通过敬业担当修炼灵魂，也会步步进阶，提升心性。

"文革"期间，中国农业大学老教授石元春被打成"右派"，下放至到处是盐碱地的东北偏远农村劳动，同农民们一起下地劳动，石教授在一无资料、二无实验室、三无助手的恶劣条件下依然执着于对当地盐碱地的

改良研究，取样观察，反复试验，详细地做记录，十几年下来，硬是把几乎寸草不生的白花花的盐碱地改造成了年年丰产的良田，功勋卓著，石元春教授被评为中国科学院院士、中国工程院院士，石先生是我国少有的功勋级院士。

在工作中修行是工匠精神的具体体现，修行需要精心精进，把每一项工作、每一个细节、每一个当下做到极致，匠心意志由此修炼而成。

稻盛和夫先生提出的"六项精进"也体现了匠心意志的深刻内涵。

1. 付出不亚于任何人的努力；
2. 要谦虚，不要骄傲；
3. 要每天反省；
4. 活着，就要感恩；
5. 集善行，思利他；
6. 忘却感性的烦恼。

稻盛和夫年过七旬后还经常独自一个人身披僧衣，外出托钵乞食，以修炼自身意志，警醒自己不要安于享乐。石元春院士和稻盛和夫先生在修行的境界上何其相似，他们的精神都值得我们学习和跟进，无论做企业还是做人，都将广受其益。

五、虚心静笃，同人协作，缔造完美

没有完美的个人，但可以有完美的团队。虚心静笃，与人协作也是一种修行。虚心静笃是人在职场和创业者必备的心理状态，与人交往、同人沟通，虚心静笃是最起码的个人修养素质的体现，虚心静笃的人才能和团队成员一起修行。

　　创业经过艰难的初创期，此后便驶入快速成长的轨道。企业规模不断扩展，"信息孤岛"现象就会日益显现，即每个部门、每个人都眼睛向内看，关注个人和本部门的事业，人与人之间、部门与部门之间的沟通不足。在规模企业中，只谋自己的事情，不管他人的事情，企业内部信息会缺乏共享，无法做到优势互补是许多企业由盛转衰的关键原因之一。

　　将相和的故事在中国家喻户晓。战国时期，赵国舍人蔺相如奉命出使秦国，不辱使命使国宝和氏璧完璧归赵，被赵王封为上大夫。后又陪同赵王赴秦王设下的渑池会，再次用智慧使赵王免受秦王侮辱，保全了赵王和赵国的尊严。赵王深受感动，封蔺相如为上卿。老将廉颇自持战功卓著，认为蔺相如乃一介书生，凭口舌之功却官位高于自己，心中不服，还扬言要当面羞辱蔺相如。蔺相如知道此事重大，将相不和于国家非常不利，遂请假不上朝，以免与廉颇争论。廉颇得知蔺相如此举完全是为了国家利益，自感羞愧难当，于是背上荆条到相府跪地向蔺相如请罪，蔺相如深受感动，自此，将相和好，确保赵国安全几十年。

　　廉颇和蔺相如是虚心静笃的典范，精诚协作，万古传扬。虚心静笃朋友多，孤芳自赏车马稀。一个优秀的组织内部一定是信息流非常畅通的，部门与部门之间、上、下级之间，平级之间都需要思想交流和业务的衔接，以助推组织整体的发展。虚心沟通可以消除误会，增进了解，融洽关系，保证工作质量，提高工作效率。

　　营造匠心，直面问题，不要抱怨，积极沟通，寻找办法。传扬工匠精神，匠心重在修炼，专心致志，把工作当做一种信仰，开启心门，正心正念，力行正道，用心灵积蓄生命的正能量；执着精进，在工作中修炼匠心意志，虚心静笃，与人协作，终可缔造完美团队。

"一切手工技艺，皆由口传心授。"正如瑞士钟表业的奠基人与开创者布克所说："金字塔的建造者绝不会是奴隶，而只能是一批欢快的自由人。"这一判断与希罗多德在《历史》中关于金字塔是由30万奴隶所建造的记载截然相反。布克是一位钟表制作大师，他能轻松地制造出日误差低于1/100秒的钟表。但是在他因宗教问题被囚禁期间却连日误差低于1/10秒的钟表也制作不出来。布克后来将这一现象归因为制作钟表时的"心情"："一个钟表匠在不满和愤懑中，要想圆满地完成制作钟表的1200道工序，是不可能的；在对抗和憎恨中，要精确地磨锉出一块钟表所需要的254个零件，更是比登天还难。"

这样的自由人今天被称为"工匠"，他们所秉承的信念被称为"工匠精神"。任何人只要有好点子并且有时间去努力实现，就可以被称为工匠，而他们对自己的产品往往精雕细琢、精益求精，这就是工匠精神。工匠精神的核心不仅是去"制造"什么卓越的东西，更是一种追求卓越的"心态"，这种精神正是当下国人需要关注的。

工匠精神不是口号，它存在于每一人身上、心里、灵魂深处。如果你希望拥有未来，打造一个与众不同的自己，成为被重视、被尊重的成功者，就从当下的事情做起，成为一个充满魅力的匠心人士，因为各行各业都需要工匠精神。拥有工匠精神，你将享有内外丰盛、美满的人生。

▶案例链接：

"伟大的产品经理"乔布斯的工匠精神

乔布斯走了。

乔布斯离开世界五年了。

乔布斯把人类带进了移动智能时代，乔布斯改变了世界，乔布斯在方寸之间改变了人们的行为方式。

乔布斯是伟大的企业家，是伟大的产品经理，是伟大的工业巨匠。

在所有团队成员里，产品经理最能体现公司和产品的价值观。产品经理是产品团队、销售团队、公司高管之间的枢纽，要经常协调并处理各种问题。出色的产品经理并不一定要自己发明或实现新技术，但必须有能力理解技术、发掘技术的应用潜力。产品经理要负责产品整个生命周期的管理，因此需要有具备多方面的能力。

乔布斯可以说是"世界上最伟大的产品经理"楷模。

乔布斯一生所致力之事就是在产品中融入科技与人文。乔布斯追求极致的用户体验，"至繁归于至简"是他设计产品的原则之一。

乔布斯是一名从小就被人收养的弃婴，他的养父保罗·乔布斯从事的是翻新和出售二手车的工作，父亲对手工技艺的专注令他印象深刻。50年后，当乔布斯抚摸着当年那处房子的栅栏时，他仍记得父亲说过的那句话：把柜子和栅栏的背面制作好也十分重要，尽管这些地方人们是看不到的。

这种完美主义影响了乔布斯的一生，也差点"逼死"了苹果的程序员。多年后当乔布斯开始开发苹果电脑时，他要求所有芯片必须整齐地排列在电路板上，哪怕用户根本看不到机身内的元件。

乔布斯对视觉细节格外关注。比如，乔布斯在Mac的窗口、文件以及屏幕顶端的标题栏这样的"细枝末节"上曾要求员工反复修改不下20次。当员工抱怨他们因为这样的小事耗费了太多时间，乔布斯咆哮道："你能想象一下每天都要看着它是什么感觉吗？这不是个小事，这是我们必须做好的事！"

苹果的产品是一个封闭的系统，这源于乔布斯对于硬件软件一体化的坚持。在乔布斯眼里，其他公司的烂机器是配不上他高贵的苹果系统的。一旦苹果将自己的系统授权给其他公司的电脑使用，就会破坏用户对苹果系统的体验。对于乔布斯这样的完美主义者来说，那种情况他根本不能接受，因此他从头到尾都坚持苹果要硬件软件一体化。乔布斯自始至终保持着封闭的态度，较好地控制了用户体验。一体化的坚持也让苹果得到了发展数字中枢策略的优势，让各种设备无缝连接。

很多人盛赞乔布斯善于挖掘消费者的潜在需求，乔布斯敏锐地感觉到了用户的核心需求，并创造出新产品去满足他们。乔布斯与生俱来地有一种宗教领袖般的魔力，《乔布斯传》的作者称他身上有一种"现实扭曲力"。在这种力量的笼罩下，苹果的工程师统统像打了鸡血一样，总是能被激发出前所未有的能量，在一个个deadline之前出色发挥！

与其被别人取代，不如自己取代自己。许多年以来，乔布斯都会带上他认为最有价值的100名员工进行秘密会议。会议的主题是"你认为我们接下来应该做的十件事情是什么"。在产品创新上，乔布斯总是期望更多的想法。不论是对单个产品的迭代还是新产品的创造，这些年来苹果的创新与其对应的成就有目共睹。

概而论之，乔布斯还在更高层面给了产品经理们以下启示：

1. 产品就是价值观；

2. 正心正念，发心要正确；

3. 找到你真正热爱的事情；

4. 为自己制造产品。

产品也是一种价值观，乔布斯是有强烈价值观的人，这种价值观体现在他生活工作中的方方面面。乔布斯在伍德赛德的房子里只有最基本的必需品：卧室里的一张床和一个抽屉柜，餐厅里的一张牌桌和几把折叠椅。他希望身边只出现他欣赏的东西，这就意味着很难简单地买回很多家具。乔布斯对产品价值观的重视在苹果产品上都有体现，如iPod不能有开关键，要用纯的白色，先替顾客做好选择题，等等。

乔布斯在谈论微软为了迎战苹果iPod而推出的Zune播放器为什么会失败时说：微软做Zune的目的是为了跟iPod竞争，这个出发点就不对，失败的基因从一开始就已经种下了。正心正念，发心要对。你做一个产品，是为了真正满足用户的需求，解决用户的问题，还是其他目的？发心错，一切皆错。发心只讲对错，不讲好坏。对错的判断标准就是事物的本质和规律。符合事物本质和规律的就是对的，不符合就是错的。

一个产品经理只有真正热爱自己所从事的行业，才可能做出真正到位的产品。只有真正热爱，才会忘记过程的艰难，忍受其中的孤独，不知疲倦地追求卓越。谈论微软Zune为什么会失败，乔布斯说："我们赢了，是因为我们发自内心地热爱音乐。我们做iPod是为了自己。当你真正为自己、为朋友或家人做一些事时，你就不会轻易放弃。但如果你不热爱这件事，那么你就不会多走一步，也不情愿在周末加班，只会安于现状。"

iPone的出现，也是因为乔布斯希望打造一款自己想用的手机。因为是自己想用，所以对一切细节都了解得彻底。既然是为自己制造产品，自然不需要去做什么市场调查，自己就是最好的评判者。当然，所谓的为自己制造产品，更准确的意义是为自己这类人制造产品。乔布斯为"非同凡想"的人制造产品，因为他自己就是"非同凡想"的人。而互联网时代保证了即使是相对小众的需求，也都有一个绝对数很大的需求存在，而且它们是可以获取的，这足以支持拥有这种发心的人取得商业上的成功。

"Stay hungry；stay foolish。"这句话传播得很广，在中文里被很小资的翻译成"求知若渴，虚心若愚"。对产品经理来说，Stay hungry说的其实是要保持饥渴状态，要不满足，不断地追求极致，不断地进行改进，以便产品更加完美。stay foolish说的是要处于一种傻瓜的状态，处于彻底的空杯心态，放空对自己所设计产品有的所有知识，忘却它的逻辑，像一个对产品一无所知的"傻瓜"那样使用产品，才会得出和用户同样的感受。

乔布斯语录：

1. 要创造未来，你不能靠销售讨论组。

2. 你无法把还没有划出的点连起来，只能把已经划出的点连起来。

3. 你最重要的决定，不是你要做什么，而是你决定不做什么。

4. 用户的体验将会是怎样的？

5. 一定要敢于杀掉自己的产品，而不要等别人来杀你。

6. 把团队拿掉，个人是搞不出东西的。

7. 没有无数的错误作铺垫，谁也无法攀上成功的巅峰。

8. 倾听心底的声音，它会告诉你是否走在正确的道路上。

9. 高标准严格要求自己，把注意力集中在那些将会改变一切的细节上。

10. 别关注正确，关注成功。

这就是苹果的创始人乔布斯，他很独裁，他的话在苹果公司就是"天条"，他既是CEO，也是产品经理。

▶ **思考：**

1. 苹果公司成功的关键体现在哪些方面？

2. 为什么说乔布斯是"伟大的产品经理"？

3. 乔布斯的工匠精神体现在哪些方面？

后　记

写作是一段痛苦的旅程。万通创始人冯仑先生写完《野蛮生长》后说："出书好比生孩子，疼了也就生了"，笔者深有同感。

谈创业离不开谈企业家，谈创业不能不谈企业家精神。英语单词"entrepreneur"就包涵创业者和企业家之意，"entrepreneurship"一般理解为企业家精神。本书讨论的成长型企业"铁三角"包括创业谋略、团队建设和工匠精神均是在企业家精神的统领下展开的。

撇开企业家精神说创业无异于无本之木、无源之水，脱离企业家精神的创业者就会像断线的风筝一样，在"自由的天空"漫无目的随风飘荡，随时可能粉碎坠落。

我们伟大的祖国从来不缺乏有本事的人，能人到处都有，创业的企业家们大多雄心勃勃、能力超群。但为何他们开创的企业时常"短命"或是"英年早逝"呢（据统计，当今中国的企业平均寿命仅为2年9个月）？有能力、无精神是重要因素之一，企业家能力可比作是办企业的"硬件"，企业家精神可比作是办企业的"软件"，可以说，我们的企业是"软件"出了问题。

世界上寿命最长的企业是日本的金刚组株式会社，由朝鲜人柳重光创建于公元578年，距今已有1438年历史，专注于寺庙修建。世界上拥有长寿企业最多的国家也是日本，百年以上的企业有5万余家，它们寿而不老，且一直在成长。这与他们非常注重企业家精神密不可分，涩泽荣一、稻盛和夫、松下幸之助、盛田昭夫、本田宗一郎等充满企业家精神的创业家深受日本人的尊敬和推崇

早在商周时期，中华文化非常重视发展工商事业，三千多年前的一天，周文王在渭水河边拜问姜太公治国安邦大计，姜太公提出，安邦治国首先要富国安民，由此首次提出"大农、大工、大商"的国家政策，也就是必须大力发展农业、工业和商业，这样国家才能富裕起来，老百姓才能过上好日子，周文王非常赞同。后来，周朝一下子延续了八百年，是世界历史上延续时间最长的朝代。

到了汉武帝时期，全国推行重农抑商的国家政策，工商业慢慢处于"半雪藏"状态。又过了1700多年，明朝中后期出现了工商业蓬勃发展资本主义萌芽，但不久清军入关后，这个幼小的工商业"萌芽"被朝廷掐断。清朝灭亡后，民族资产阶级在半殖民地半封建的社会大背景下，开创企业步履维艰、苦苦挣扎，难有大的发展。

实际上，中国真正的自由创业始于1978年的改革开放政策，曾几何时，"个体户"几乎成为创业的代名词，他们是改革开放后最早的成长型企业的雏形和前身，三十多年过去了，今天，最早一批创业者有的事业辉煌、功勋卓著；有的踏实经营、专于本行，也已富甲一方；也有的折戟沉沙，只能"醉里挑灯看剑"。但无论如何，他们都是时代的弄潮儿，无论成功还是失败、壮烈抑或先烈，都堪称英雄，他们都在充实并丰富着当代的企业家精神，他们都应得到人们的尊敬。

今天，创业早已经成为再平常不过的社会现象，许多人都渴望开创自

己的企业。当今社会，创业不仅是潮流，而且已成为主流；今天的社会是多元发展的社会，谁有本事都可以尽情地施展，有想法都可以天马行空地发挥；今后人们将深处变化的世界，创业的机会只会更多、不会减少，只要你想创业，永远都不晚。

装备上企业家精神，构筑成长型企业"铁三角"，让创业谋略、团队建设和工匠精神助力中国企业在疾风冷雨、"冰与火"的考验中走得更远、更稳健！

关于企业家精神和成长型企业相关话题，欢迎并期待您的分享和交流：

作者邮箱：csn996688@163.com

声明：本书由于出版时没有及时联系上作者，请版权原作者看到此声明后立即与中华工商联合出版社联系，联系电话：010-58302907，我们将及时处理相关事宜。

华商经管新书推荐

《一本书读懂分享经济》 42.00元

《一本书读懂企业供给侧改革》 42.00元

《一本书读懂智能生活》 39.80元

《控场：从精兵到强将》 39.80元

《"天使"为什么投他们》 45.00元

《系统营销密码》 45.00元

华商经管新书推荐

《分众电商》 42.00元

《资本风口4.0》 42.00元

《新产融结合时代》 39.80元

《互联网金融3.0：玩转股权融资》 39.80元

《众筹筹天下》 49.00元

《银行外拓营销》 39.80元

华商经管新书推荐

《农村电商营销创业全书》 42.00元

《BAT共塑新经济》 42.00元

《跃层——房地产中高层管理能力提升训练》 42.00元

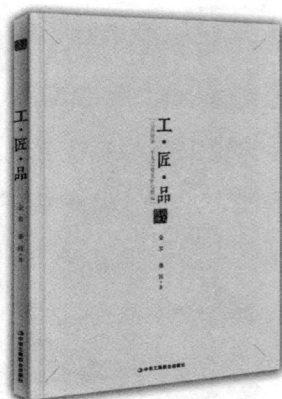

《工匠品》 32.00元

《格力女王董明珠》 45.00元

《OTC业绩密码》 42.00元